訪ねる ふれあう 日本の里山 日本の里海 ①

体験できる里

「日本の里山　日本の里海」第1巻

体験できる里

目次

近畿・中国

四国・九州・沖縄

コラム

エリア別
MAP&INDEX
日本の里山 日本の里海
体験できる里

やんばるの自然を
体験できる里山
沖縄県東村 P148
農作業ボランティアが
千枚田を守る里山
石川県輪島市 P58
ホタルに出合い、清流に遊ぶ里山
岐阜県山県市美山 P78
イカ釣り体験のできる里海
福井県越前町 P66
市民の手で河辺の森を蘇らせ未来に残す
滋賀県東近江市 P102
日本の音風景百選に出合う里山
京都府南丹市園部町 P110
日本一の海岸砂丘を体験する
鳥取県鳥取市福部町 P114
ワーキングホリデーを
体験する里山
徳島県上勝町 P134
金魚ちょうちんと親しむ里山
山口県柳井市 P118
ペーロンが漕げる里海
長崎県長与町 P138
備長炭作りを体験する里山
和歌山県田辺市本宮町 P94
黒潮の恵みと出合う里海
高知県土佐清水市 P126
組紐作りを体験できる里山
三重県伊賀市 P86
薩摩焼作りが体験できる里山
鹿児島県日置市東市来町 P144
風薫る季節、茶摘みを体験できる里山
静岡県川根本町 P82

里山——懐かしい原風景をつくった「地域」の叡知

中川重年
◎京都学園大学バイオ環境学部教授／前神奈川県自然環境保全センター専門研究員

里山という言葉とその実態は今ではすっかり市民権を得、むしろ時代のキーワードといえるほどになっている。

里山という言葉は懐かしい日本の原風景といった意味合いを持ち、都会では得られない人間との関わりの中で成立している田園風景というだけでなく、個人の原風景と重ね合わせ、懐かしさや一種のあこがれを重ね合わせて多くの人びとが使っているようにも思える。

言葉は時代を反映する。したがってその持つ意味合いは時間がたつと異なってくる。「里山」はそのもっとも良い例である。

筆者の知るもっとも古い使われ方は江戸時代に木曽地方で「里山」という言葉が使われた

(『木曽山雑話』寺町兵衛門、1759年)。
これは人家の近くに成立している森林を指す言葉であった。
つい10年くらい前までは「里山」とは農村地帯に存在する農用林、
すなわちコナラやクヌギの雑木林を指していたのであるが、
現在では雑木林のほか、屋敷林、水田、畑のほか
竹林やスギ・ヒノキ林、さらには耕作放棄地に出現する
再生途中の森林までもが里山の範疇になってきている。
いうまでもなく農村部におけるさまざまな景観要素は
独立的に存在しているのではなく、相互に関連し、
網目のように立体的につながっている。
「木を見て森を見ない」ではなく、
もっと「総合的な人の関わりから生じた景観を広く里山という」と、
この10年間で広く市民が使い始めてきている。
一方、現代社会では日々新しい言葉が定義とともに作られている。
言葉を通じ、対象をきちんと定義し細分化することであり、
その動きは年ごとに加速化されていると言ってもよいだろう。

現代に生きる人間は、細分化する新しい定義に
対応せざるを得ないと同時に、
総合化あるいは統合化している対象に関心がゆくのは必然である。
今を生きるということはその両面で
心身のバランスをとりつつ生きているのである。
総合的なシステムともいえる「里山」という言葉と実態は
現代社会における一種の不可欠の内容といえるかもしれない。
6巻からなる本シリーズは内容をビジュアルな表現にし、
幅広く自然に対する人間のさまざまな活動の形を取り上げてある。
このため全国にわたって取材を行い、
最新の情報とそこに生活する人びとにスポットを当て幅広く紹介した。
里山の代表的な景観である棚田、雑木林のほか、
癒しや健康のための空間、野生生物のための保全活動、
地域の産物を利用した伝統的産業観光やエコツーリズムのほか、
新しい提案である海での生業の場「里海」をも紹介してある。
人が手を加えなければそこには自然植生が成立する、

その多くは自然林。これは関東地方以南の低地であれば常緑樹林となる。
これを人びとが生きる場として地形、水、地力、気候など、
さまざまな自然環境を考えて最大限の生産をはかるように
してきたことで多様な里山を作り上げてきたことも事実である。
また一部には鎮守の森として地域のタブーのエリアも残し、
結果的に自然環境の基準空間として
残してきたことも地域の人々の叡智である。
本シリーズでこのような自然と人間と時間の織りなす
巧みな妙をごらんいただきたい。

中川重年（なかがわ・しげとし）◎1946年広島市生まれ。横浜国大卒。

京都学園大学バイオ環境学部教授。前神奈川県自然環境保全センター専門研究員。

専門は里山学、樹木学、森林管理、環境教育。

市民による里山保全の方法、森林資源の有効利用を実践研究。

また間伐材を活用したアルプホルンを用いた生涯学習を全国で展開している。

著書に『再生の雑木林から』（創森社）、『森作りテキストブック』（山と渓谷社）、

『雑木林ハンドブック』（全国林業改良普及協会）、『現代雑木林事典』（監修／百水社）、

『ひびけアルプホルン 森はすてきな音楽堂』（全国林業改良普及協会）。

グリーンツーリズムでつくる新しいライフスタイルへのお誘い

～『訪ねる ふれあう 日本の里山 日本の里海』刊行によせて～

（株）農協観光

グリーンツーリズムとは農山漁村地域において、その自然、文化、人びととの交流を楽しむ滞在型の余暇活動（新しい旅のスタイル）のことです。簡単に言うと「農山漁村でゆっくり滞在しながら、『自然・農業・農村体験』を楽しむ旅」です。「グリーン」は自然・安らぎを意味し「ツーリズム」は単なる旅行ではなく主義・目的を持った旅行と捉えてください。様々な体験や人びととの交流を楽しむのもグリーンツーリズム、何もしないでゆっくり農山漁村に滞在するのもグリーンツーリズムです。

グリーンツーリズムが提唱され10余年が経過し、都市と農山漁村の共生・対流活動が活発になってきました。団塊世代の大量退職に伴う、いわゆる２００７年問題とも相まって、農山漁村に回帰し健康で安らぎのある生活を創造したいという方々が増え、農山漁村への期待はますます高まっています。

こうした期待に応えるべく農協観光としては、長年培ってきたＪＡグループとの連携をさらに強化し、ＪＡグループが推進する「食と農を軸とした地域の活性化」並びに「食農教育」に呼応して、親子を対象とした「ふれあい田んぼ教室」、子供を対象とした「夏休み子供村」、緑豊かな農村地域での体験交流を中心とした「グリーンエコー」企画など様々な商品を提供しております。本書に収録された各地の特色ある里山関連企画もよりいっそう強めていきたいと考えています。

グリーンツーリズムで自分にあった新しいライフスタイルをつくってみてください。

＊（株）農協観光は「自然と人間とのふれあい」「豊かな伝統文化と歴史への回帰」「新しい技と知恵の発見」をコンセプトに地域社会の発展に寄与することを理念としています。
お問い合わせ、資料請求先
（株）農協観光営業部グリーンツーリズム事業課、☎03・5297・0300

北海道・東北・関東

自然の中で飼われる馬たち。ポニーなどにふれあう広場もある。

遠野市◎岩手県

広大な馬の里で乗馬を体験できる里山

遠野に生まれたもう一つの物語、「遠野 馬の里」

遠野《とおの》という土地が、全国的に知られるようになったのは明治時代末期のことだった。民俗学の巨人、柳田國男《やなぎだくにお》が明治43年に発表した名著『遠野物語』で、

「乗馬体験には、県外の方も多くいらっしゃいます」と語る、ホースパーク主任の小林立栄さん。

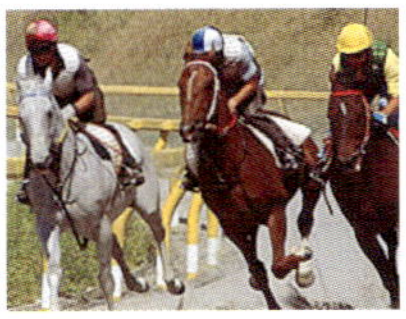

(左から)「遠野 馬の里」は競走馬のトレーニング施設でもあり、疾走する馬たちの姿を見ることもできる。子供たちの乗馬体験は、ホースパークのスタッフが綱を引いてゆっくりと歩く。乗馬体験は、1周800mのトレイルコースへ。

遠野地方に伝わるさまざまな民話や伝承を世に紹介してからである。この作品は、遠野生まれの研究者・佐々木喜善《きぜん》が、柳田に話を聞かせたことがもともとのきっかけだったといわれている。以来、遠野は民話の里としてその名を全国に知られるようになった。

そんな遠野に今、新しい「遠野物語」が、始まろうとしている。それが、「遠野 馬の里」である。「遠野 馬の里」は、遠野の町中から10kmほど離れた小高い丘陵に広大な敷地をもつ。敷地内には厩舎《きゅうしゃ》が並び、競走馬のトレーニングセンターだけでなく乗馬を体験できるホースパークもある。

乗馬体験は、岩手県内だけでなく、近県や首都圏からも乗馬を目的に「馬の里」を訪ねてくるファンがいるという。

「1回の乗馬体験は、約45分が基本です。小さいお子さんなどは、スタッフが馬を引いて歩きます。乗馬レッスンもありますし、クラブハウスに宿泊して、ナイターや早朝の乗馬を体験することもできます。

一度体験すると、結構やみつきになり、何度も通われる方もいらっしゃいますね。毎月のように来られる方もいます。ここは敷地も広々としているので、

乗用馬が飼われている厩舎。きれいに片づけられた清潔さが印象的。馬に対する愛着のほどがうかがえる。

とても気持ちいいと好評です。乗馬で気分をリフレッシュできるといわれます」

と、ホースパーク主任の小林立栄さん。

たしかに丘の上から見下ろす眺めは、気持ちいい。遠野の町も遠望でき、見上げれば大空がいっぱいに広がる。乗馬体験のコースは2つあり、引き馬コースが200m、馬に乗って施設の周囲を回るトレイルコースが800mほど。それ以外にも、ポニーやロバとふれあえる広場、乗馬教室などに使われる角馬場などを備えている。

また、競走馬のトレーニング施設として、オーバルコースの走路や屋根付坂路馬場、5万m²もの放牧地、トレーニング後の馬のクーリングダウンとして林の中に設けられた逍遥《しょうよう》馬道といった多彩な施設を持つ。

遠野ブランドの馬を育てていく新たな試み

小林さんに厩舎を案内してもらった。10頭ほどの馬が興味津々といった様子で、柵越しに首をニューッと伸ばしてくる。馬の目は、利発そうで、愛くるしい。なぜ、昔から人は馬を愛し、馬とともに生活してきたかということがわかるような気になる瞬間である。

その厩舎の中に入って、気づいたことがある。それは、厩舎の中がすっきりと片づけられていることだった。馬の匂いはするが、こもったような嫌な匂いはなく、すがすがしいくらいの空気が漂っている。それだけ、ここ「馬の里」では一頭一頭の馬に愛着をもって接しているという証なのであろう。

(左ページ上) 自然の起伏を生かした美しい光景の中に馬が放牧されている。その先には、かすかに遠野の町並が眺められる。

(左ページ下) 競走馬のトレーニング走路。1周約1000m、幅員20mのダートコース。預かった競走馬をここで調教する。走路の内側は50000m²の広々とした放牧地となっており、レースで疲れた馬をゆっくりと休養させることができる。

(右)外国産馬を中心に、さまざまな馬種がいる。その良いところをかけ合わせて、「遠野の馬」を生み出そうという試みが始まっている。
(左)厩舎の壁にかけられている数々の馬具も、きれいに磨かれていて手入れが隅々まで行き届いているのがわかる。

実は、そこに「馬の里」がもつもう一つのテーマが見えてくる。ここでは馬の飼育農家と共同で、「遠野の馬」を育てようとしているのである。この一帯は昔から南部駒《なんぶごま》の産地として知られていた。そして、馬と一つ屋根の下で生活する「南部曲家《なんぶまがりや》」という住宅形態でも名高い。

そんな歴史もあり、遠野では、いずれは遠野産の馬を、独自のブランドとして育てていきたいという。

「遠野馬は、いわゆる南部駒や道産子のような日本古来の馬種ではなく、外国産の種類も含めてさまざまな馬種を交配し、常用馬の新しい血統として世に送り出したいという事業でもあります。そこで農家の方たちと協力して、遠野馬の飼育に力を注いでいるところです」

小林さんは、遠野で馬と関わる人たちの心や思いを、熱く語ってくれた。

現在、遠野産の馬は1歳で競りにかけられ、乗用馬として全国に送り出されている。「遠野馬」の名前が全国に知られるのは、さほど遠い未来のことではないかもしれない。

民話の世界が町のあちこちに息づく里

『遠野物語』は、日本民俗学の原点といわれ、当時の文豪である幸田露伴《こうだろはん》や泉《いずみ》鏡花《きょうか》に絶賛された。ことに泉鏡花は「再読三読、類《たぐい》少なき奇観なり」と、何度も読み返したうえで、最大級の賛辞を送った。

柳田國男は、「民話は、山の麓にふき溜まっている」と語る。文化は、道をたどって伝わり、その道が行き止まりになるところに積もっていく、と。それは、まさに里山の文化にほかならない。文化や伝承が、里山に伝わり、そこに住む人びとの暮らしの中でアレンジされ、その土地独特の文化となっていく。それは、あるときは囲炉裏《いろり》端で、また作業の合間や四季折々の夜話

(左ページ上)常用馬の厩舎。この馬たちがホースパークでの乗馬体験のパートナー。
(左ページ右下)厩舎の屋根のトップライトからはふんだんに光が降り注ぎ、明るい雰囲気に満ちている。
(左ページ左下)広大な馬の里のエリア内には、緑の中に多くの厩舎が点在し、一幅の絵のような光景を描き出している。

遠野地方の農家のかつての暮らしぶりを再現した「伝承園」。かやぶきの屋根に土壁の民家は、訪れた人を遠野の昔に誘う。

(右)カッパ淵近くの小川の風景。この光景は昔、柳田國男が見た時とほとんど変わらず、今に残っている。
(上)夕日に包まれる大根干しの光景。晩秋の里山らしい、日常の風景だ。
(左上)お孫さんをお守りしながら、気軽に声をかけてくれた。
(左下)常堅寺の狛犬は、カッパの彫刻。

カッパ淵の祠とカッパ像。ここには多くのカッパが住んでいて、人びとを驚かし、いたずらをしたという伝承が……。

として、親から子へ、祖父母から孫へと伝えられてきたものなのだろう。遠野は、そうした面白い民話の宝庫と呼べる里山の代表である。

遠野は、里の神（カクラサマ、ゴンゲサマ）、家の神（オクナイサマ、オシラサマ、ザシキワラシ）、山の神、カッパや雪女、山男、山女、天狗、妖怪、仙人、猿、狼、熊、キツネなど、柳田國男が記した民話の主人公たちが、今も人の心に棲んでいる民話の里である。遠野には昔からの民話や伝統、風習などを伝える施設があり、その中には語り部が民話を訥々《とつとつ》と話してくれるところもある。

カッパ淵を探して小川の辺へ

町の中にも、民話にまつわる見所が点在する。その一つに、カッパ淵がある。カッパ淵を探しながら道を歩いていくと、四つ角で4人ほどのおばあちゃんたちが立ち話をしていた。カッパ淵の在り処を尋ねると、「どこから来たの？」「どこへ行くの？」「カッパ淵は、そこのお寺の裏だよ」と人懐こいニコニコ顔で話しかけてくれる。

常堅寺《じょうけんじ》の裏手に流れる小川まで歩いていくと、淵の傍に祠《ほこら》があり、カッパの像が鎮座している。そのあたりは、まだ日があるのに木立に覆われ、ほの暗い。今にもいたずらカッパが出てきそうな幻想的な雰囲気もある。

淵から戻るとき、「オイッ」と後ろから声をかけられたら、思わず走り出してしまいそうな――。遠野は、今もそんな民話の世界が生きている里のような気がする。

柳田國男は『遠野物語』の巻頭の献辞に、「此書を外国に在る人々に呈す」と書いている。柳田にとって、遠野はまさに日本文化の原風景だったのである。

写真協力：遠野 馬の里

遠野市

●交通／東北新幹線新花巻駅からJR釜石線に乗り換え、遠野駅下車。車では東北自動車道花巻JCTから釜石自動車道東和ICを経て国道283号線。**遠野 馬の里**●営業時間／9:00〜16:00●定休日／月曜●乗馬教室／3500円、高校生以下2000円●問い合わせ先／TEL:0198-62-5561 **遠野市観光協会**●問い合わせ先／TEL:0198-62-1333

山間に広がる金砂郷の集落。そばと米が自慢だ。

そば打ち体験ができる里山

常陸太田市金砂郷◎茨城県

常陸秋そばの発祥地に代々伝わる伝統のそば打ち

常陸太田市の南西部を占める金砂郷《かなさごう》。両側から迫る山間にそば畑が広がり、農家が点在する。

ここは常陸《ひたち》秋そばの発祥地。今も一大産地で、300戸の農家がそばを生産する。秋ともなれば畑一面に真っ白なそばの花が咲き、町全体を可憐に彩る。

金砂郷の主婦たちはみな、そば打ちの名人である。今でも、地元生まれの女性は母親から、嫁いできた人はお姑さんから伝統のそば打ちを習う。

その熟練の技と味を体験したいなら、「西金砂《にしかなさ》そばの郷」に行くといい。そば畑を眺めながら県道62号線を北上していくと、「西金砂そばの郷」の看板が見えてくる。

「西金砂そばの郷」がある赤土《あかつち》地区は金砂郷のそばの発祥地で、一番おいしい常陸秋そばができるという。周辺を眺めると、地名どおり土壌は赤土で、山の傾斜地にそばの畑が広がる。

さて、「西金砂そばの郷」だが、古民家風の建物の中は、囲炉裏を囲む椅子席と、座敷があり、片隅で自動の臼がそばを挽いている。昼時ともなれば、大勢の観光客などが訪れ、ウェイティングが出るほどだ。

人気のメニューは「十割そば」や地元名産の納豆を使った「納豆そば」など。そばの実は、その日使う分だけを石臼で挽く。それを地元の主婦が手馴れた様子で打ち、絶妙の加減に茹であげる。ガラス越しに厨房のそば作りを見ていると食欲がさらに増す。「挽きたて」「打ち立て」「茹でたて」の「三たて」に熟練の技が加わった常陸秋そばは、絶品だ。

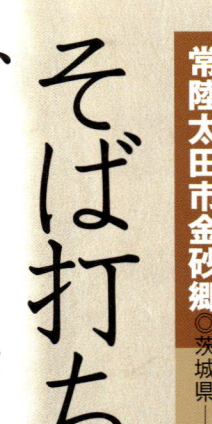

（右上）西金砂そばの里では、「まず最初に、そばを水だけで食べてください」という。そばそのものの味に自信のある証拠だ。
（右下）歯ごたえのあるそばは、切っていてもコシを感じさせる。
（左上・左下）集落のところどころにある「そば街道」の道標。これをたどると、赤土を通って西金砂神社に通じる。

そば工
房

ば工
房

（左）道の端に立つ、モニュメントでそばの里をアピール。　（右）西金砂そばの郷でみつけたそばの実。伝統の味の源だ。

そば打ち名人のお母さんが伝統の作り方を伝授

地元主婦の熟練の技は「そば工房」で学べる。

といっても、別に建物があるのではない。「そばの郷」の座敷の一角にテーブルを置き、そこで体験をする。先生は、厨房でそばを打っていたそば打ち名人の地元の主婦である。

体験するのは十割そばだ。

そば粉をふるいにかけて、よく粉をほぐしたら、水を加える。「そば粉３５０グラムに対して、水は２１０cc。2〜3回に分けて入れるのがコツ」とそば名人の会沢久子さんが教えてくれた。

次はコネである。しっかりこねて団子状になるまでまとめる。常陸そばは、水まわしと、コネがポイントなのだと会沢さんは力説した。

まとまったそばを麺棒で延ばすが、金砂郷では麺棒は1本。全体を四角くするように丹念に延ばし、麺棒に巻いていては、また広げて別の方向から延ばす。この作業を繰り返し、下の台がうっすら透けるくらいになったら延ばしは完了だ。

最後に、麺全体に打ち粉をふるって屏風だたみにして、やはり打ち粉をふるったまな板の上で切っていく。

この段階で持ち帰ってもいいし、茹でて試食してもいい。

このそば工房では1年中そば打ち体験を実施しており、多いときには1回に40〜50人が体験をするという。

「子どもから大人まで、いろいろな年齢層の方が参加されます。私たちは体験する方の様子を見て、どの程度手伝うかを按配し、できるだけ自分で作ってもらうようにしています」。

主婦ならではの温かい配慮が感じられる。

そば打ち体験の先生役を務めた会沢久子さん。「毎日そばを打っても、満足した日はありません」と、そば打ちの奥の深さを語る。

（右ページ）この日のそば打ち体験の参加者は県内の日立市から来た男性。「自己流でよくそばを打つが、本格的にやるとむずかしいですね」という。だが、その腕前は先生も感心するほどだ。

常陸そばの発祥地赤土。水田の少なかった地域で、葉タバコ栽培の後作にそばを作って自分たちの食料にしてきた。

さまざまなイベントで常陸秋そばの認知度をより高める

そばは日本全国で作られているが、その品種は一様ではない。土地によって在来種が異なり、それぞれに特徴が違う。それがそば愛好家を魅了するのだ。

茨城にもいくつもの在来種があった。その中でも金砂郷に育つ在来種はとくに良質とされた。粒がそろい、味がしまって、タンパク質やデンプンも多く含んでいるのだ。それで、金砂郷のそばを基に「常陸秋そば」という品種が誕生した。昭和53年のことだ。昭和60年には県で栽培を勧める奨励品種に採用され、現在は県内各地で栽培されている。香り、風味、甘味がよく、その品質の高さは全国のそば愛

(上)常陸秋そばの「蕎麦打ち」名人を目指して、静かだが熱い戦いがつづく。
(下)そばの里だけあって、子どもたちも器用にそばを打つ。

好家に知れわたっている。

金砂郷では、その常陸秋そばのすばらしさをより多くの人に知ってもらうため、毎年11月に「常陸秋そばフェスティバル」を開催している。

2日間にわたって行われるフェスティバルでは、名人によるそば打ち実演、常陸秋そば蕎麦打ち日本一名人戦、全国子どもそば打ちグランプリ大会、「常陸秋そば」そば打ち体験などが行われる。なかでも、茨城県だけでなく広島や山形、福島、栃木など県外からの新そばが一堂に集まった「新そば食べ歩きコーナー」は大人気だ。

また、県内のさまざまなイベントで常陸秋そばの実演販売を行ったり、全国のそばイベントにも積極的に参加することで、さらなる知名度アップと拡販に務めている。

そば打ち体験の先生役を務めた会沢さんも、そうしたイベントに参加して自慢の腕をふるっているそうだ。以前は、ハワイに行ってそば打ちをしたこともあるとか。

「そば打ちに完成はありません。毎日が勉強です」という会沢さん。さまざまなイベントで刺激を得ることも、よりよいそば作りにつながっているようだ。

常陸秋そばのオーナーが一堂に会して種をまく。参加者の年齢はさまざま。

(右)そばは種をまいてから2ヵ月ちょっとで収穫を迎える。10月下旬にはまたオーナーたちが集まり、刈り取りを楽しむ。
(上)栽培型オーナーのそば作りの仕上げの作業は脱穀。
(左)ピクニック気分で参加する子ども連れの家族も多い。

オーナー制度で常陸秋そばファンを増やす試み

金砂郷では平成11年度から、「常陸秋そばオーナー制度」を実施している。その目的は、1つには金砂郷産常陸秋そばの普及。そして、他の地域の人びととの交流、遊休農地の解消と、景観の形成だ。秋に、畑一面にそばの花が咲き乱れる様が、やはり金砂郷らしい。

金砂郷では、誰でもが参加しやすいように、オーナーに「栽培型」と「体験型」の2つのタイプを設けている。「栽培型」はオーナー専用の畑約120㎡を割り当てられ、すべての作業、つまり畝《うね》きりから種まき、中耕、刈り取り、脱穀までを行う。一方、「体験型」は共同の畑で種まきと刈り取り、収穫作業を体験するというものだ。

どちらも、常陸秋そばの試食会やそば打ち体験、地元産の野菜や特産物の直売会などへの参加ができる楽しい特典がついている。

平成17年度で7年目を迎えたが、人気は上々。希望者が多いため募集口数を徐々に増やしてきており、現在は栽培型が40口、体験型の募集口数は100口になっている。

「栽培型は定年前後の人が多く、半分以上をリピーターが占めています。逆に体験型は子ども連れの家族が多い。こちらも毎年楽しみに参加する人が半分以上ですね」と常陸太田市金砂郷支所の担当者はいう。

平成16年の合併で金砂郷町の名前は消えてしまった。しかし、そば打ち体験、そばフェスティバル、オーナー制度など、さまざまな形で「常陸秋そばのふるさと金砂郷」という伝統を守り、広める努力はこれからもつづいていく。

写真協力：常陸太田市金砂郷支所産業観光課

常陸太田市金砂郷

●交通／JR水郡線常陸太田市下車、バス利用。車では常磐自動車道の日立南太田ICを降り、国道293号線へ。または、常磐自動車道の那珂ICで降り、国道118号線へ。 **西金砂そばの郷（そば工房）**●営業時間／10:00～15:00、年末年始休●問い合わせ先／TEL：0294-76-9000　**常陸太田市金砂郷支所産業観光課**●問い合わせ先／TEL：0249-76-2117

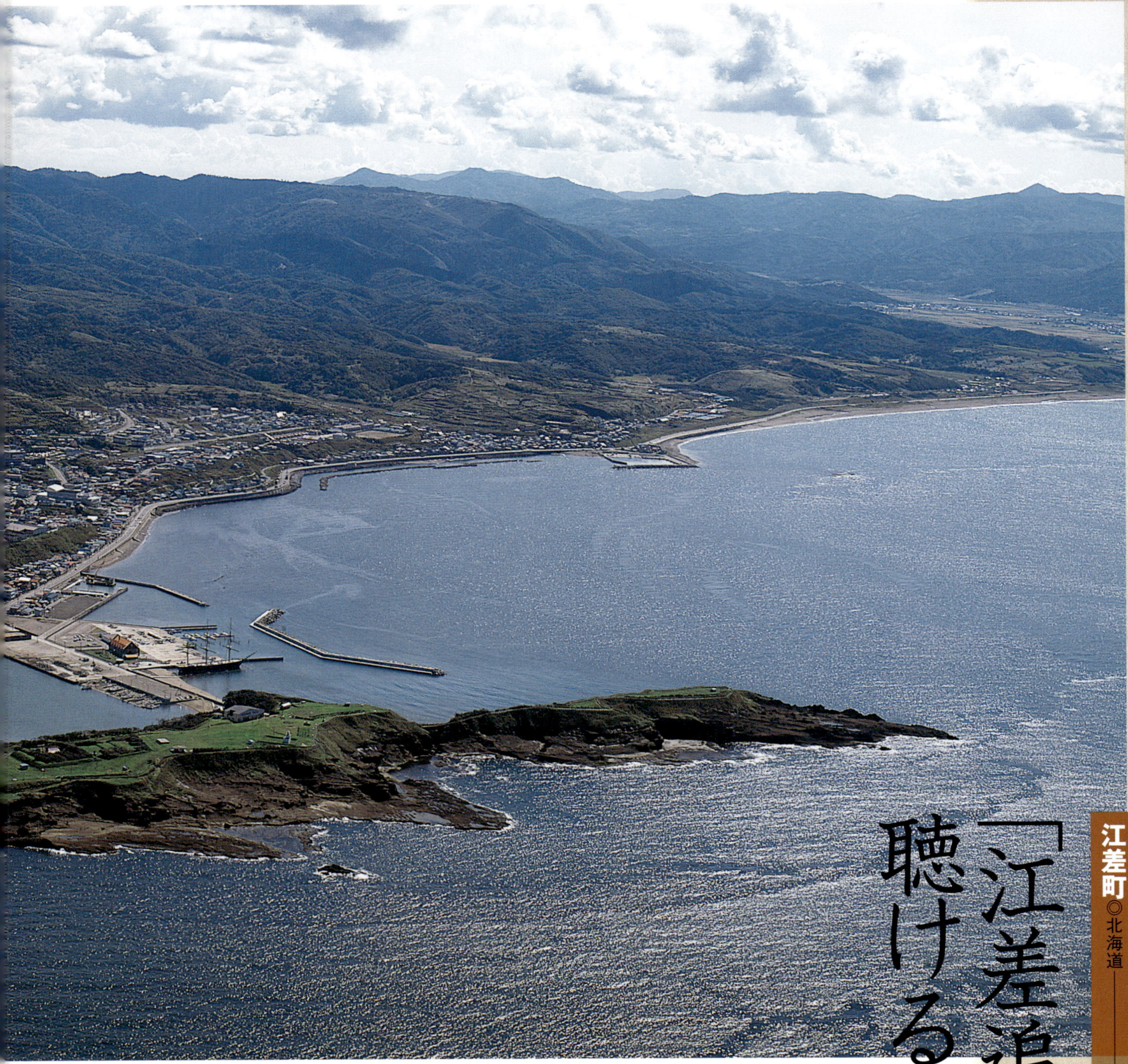

天然の良港を築くかもめ島。かつてはニシン漁や北前船交易の舞台としてにぎわった。

江差町◎北海道

「江差追分」の聴ける里海

江差の人びとの心を唄い継ぐ「江差追分」

北海道、渡島《おしま》半島の西側日本海に面した江差町《えさしちょう》。江戸時代にはニシン漁や北前船《きたまえぶね》の交易拠点として栄え、数々の伝統芸能や生活文化を残している。

その代表といえば、「江差追《えさしおい》分《わけ》」だ。江差追分は、江戸時代中期以降に北前船によってもたらされ、江差の風土が育て上げた民謡だ。「かもめの鳴く音にふと目をさまし　あれが蝦夷地

毎年、9月に行われる江差追分大会。全国から挑戦者が集まり、その実力を競う。

(上)江差姥神神社。北海道最古の神社で、神のお告げを受けて江差にニシン漁をもたらした老婆を祀った神社。
(右下)18世紀の中ごろはニシン漁の最盛期で、富を手に入れた漁師の親方や回船問屋はニシン御殿とよばれる豪華な家を建てるなど、贅を尽くした生活を楽しんだ。写真左側の家は当時の面影を今に伝える旧中村家住宅。代表的な問屋建築で、国の重要文化財に指定されている。
(左下)蔵造りが軒を連ねる江差の町。

の山かいな」「忍路高島およびもないが　せめて歌棄磯谷まで」「松前江差のかもめ島は地からはえたか浮き島か」の3つを本唄に、前唄と後唄を自由につけて唄う。

起源については諸説あるが、定説とされるのは、「越後追分」と「謙良節《けんりょうぶし》」が合流したというもの。「越後追分」は、信州の馬子唄が越後に伝わって海辺のメロディーに変化したもので、北前船の船乗りに唄い継がれて蝦夷地《えぞち》に渡った。一方、「謙良節」は越後追分より先に越後から伝わった「松坂くずし」を起源とする。

こうして誕生した江差追分は、さまざまな人たちが、さまざまな状況の中で唄った。

「たとえば、漁師や船子、馬方や職人たちは仕事のときや遊びのときに唄った。成金趣味の親方や船頭衆は座敷遊びのときに三味線に踊りをつけて唄ったり、芸者衆に唄わせたりしたといいます」

と、江差追分を長い間唄っているという古老が教えてくれた。

明治時代になると、さまざまな歌詞で唄われていたものが統一され、正調江差追分の基礎が誕生。昭和に入って確立した。正調江差追分が誕生してからは、東京で公演が行われたり、

江差姥神大神宮渡御祭の山車は全部で13台。その中には18世紀中ごろに造られたものもある。施主はいずれも江差の豪商で、自分の財力を見せつけるかのように贅を尽くしたものを造らせた。
(右)加藤清正をのせた「清正山《せいしょうざん》」。
(左)武田信玄の人形が乗る「新栄山」。夜の山車は電飾の光を放ち、いっそう美しい。
(下)13台の山車のうち唯一船の形をした「松宝丸」。人形ではなく子どもが乗る。北海道有形民俗文化財に指定されている。

江差町の誇りである江差姥神神社渡御祭。大人から子どもまでが祭りに参加する。

レコード化されて、全国にその名を広めたのだ。

昭和38年からは江差追分全国大会が開催されるようになり、今では江差町だけでなく、全国のファンが集まって、その喉を競い合っている。

また、江差追分会館では、愛好者を対象としたセミナーを毎年開催。初心者も習うことができる。蝦夷で生まれた伝統は、いまや日本全国の愛好者よって守られている。

360年の伝統を誇りをもって守り継ぐ江差の人たち

江戸時代に、「江差の5月は江戸にもない」といわせたほど、江差を隆盛させたのはニシン漁である。ニシン漁は当たり外れの多い漁だが、ひとたび当てれば大もうけができた。

今、往時の隆盛ぶりを町中に求めるのはむずかしい。ただ、毎年、8月に行われる江差姥神《えさしうばがみ》大神宮渡御祭《だいじんぐうとぎょさい》でその一端を垣間見ることができる。この祭りはニシンの大漁を神様に報告し、感謝するために行われるもので、360年以上もつづいている。

祭りは3日間にわたって行われ、初日は宵宮祭で、2日目と3日目が本祭だ。本祭の2日間は、4基の神輿《みこし》が山車《やま》を従えて町内を巡行し、最後に大神宮に戻って1基ずつ拝殿に納める。

その神輿に従う山車が、往時の隆盛の証言者だ。

車台は赤朱と黒の漆塗り、周りを飾るのはびっしり打たれた飾り金具と水引幕。その上に人形が乗る。

山車は50年ごとに改築されて今に至っている。360年以上たった今も、それはきちんと守られ、未来へとつなげている。そこには山車に対する誇りと、伝統を受け継いできた先祖たちへの尊敬の念が現れている。

江差町

●交通／函館からJR江差線江差駅下車。札幌からはバス「スーパー北斗」利用。車では札幌から道央自動車道、国道5号線・道道67号線で函館へ。函館から国道227号線。**江差追分会館**●開館時間／9:00～17:00●休館日／月曜（祝日の場合は翌日）、12/31～1/5、ただし5/1～10/31は無休●入館料／大人500円、小中高校生250円●問い合わせ先／TEL:01395-2-0920　**江差町役場**●問い合わせ先／TEL:0139-52-1020

写真協力：江差町役場観光課、(有)ドーエープラス

唯一、正藍染を継承する千葉家のよしのさんがつくった反物。

栗原市◎宮城県

日本最古の染色 正藍染を 体験できる里山

静かな山間の里で 鮮やかな藍色に 新鮮な驚きを感じる

栗駒《くりこま》山の麓に広がる旧栗駒町。その西の部分に、かつて伊達藩と秋田藩を結ぶ交通の要所として栄えた文字《もんじ》地区がある。その当時の面影は、番所門や街道沿いの旧家の土蔵や門などに

しぼり染めに挑戦。染色の前に、糸でしぼを作っていく。なかなか細かい作業だ。

愛藍人・文字のスタッフに指導してもらいながら、藍染めに挑戦。

二迫川のほとりに建つ「愛藍人・文字」。正藍染体験は、5月中旬から7月の藍が使える時期だけに限られる。

染色した布を乾かすのは風まかせ。のんびりした里山の時間が流れる。

今も色濃く残っている。

さて、この地区を北から南へ貫く二迫川《にのはさま》で、にぎやかに布を洗う人たちをしばしば見かける。その背後にはガラス張りのモダンな建物が建っている。ここは「愛藍人・文字《あいらんど・もんじ》」という。文字地区に伝わる日本最古の染色技法「正藍染《しょうあいぞめ》」と、地元の自然の恵みを紹介する施設だ。

建物の一角に正藍染を体験できる工房があり、川にいた人たちはその体験の参加者である。

体験できるのは、ハンカチなどの小物。布を糸でくくるなどして模様をつける準備をしたら、染水に浸し、川の水で洗って、乾かす。染水から引き上げたときにはこげ茶色に染まっていた布が、空気に触れて酸化するとたちまち美しい藍色に変化する。その瞬間は大人も子どもも一様に驚きの声を上げてしまう。うまくできるか少しだけドキドキしながらの作業をしていると、子どもに戻ったような楽しさが湧き上がってくる。

この施設では、正藍染の展示も行っている。また、日本で唯一この地区の、ただ1軒の家にだけ残された貴重な伝統の技を、写真パネルやビデオなどで紹介。「愛藍人・文字」特製の正藍染製品の展示販売も行っている。

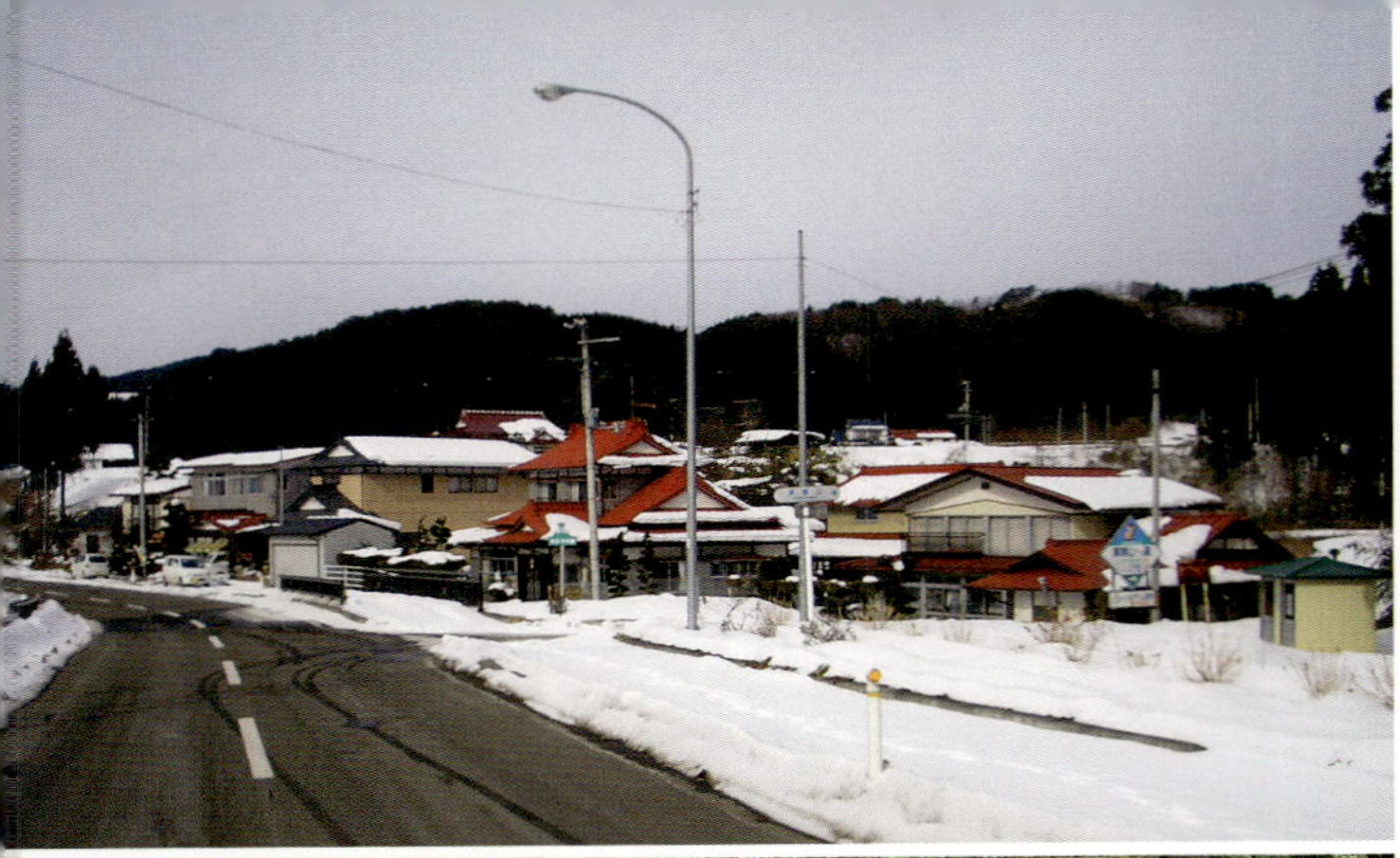

(左上)冬ともなれば、雪深い文字地区。この寒さの中で、藍は静かに発酵していく。
(左下)それぞれに個性のある作品が完成。

(右上)染めた布は、二迫川で洗う。初夏の暖かな日差しの下では、川の水も心地よい。
(右下)藍の葉。千葉家で栽培しているのは「ちぢみあい」という品種だ。

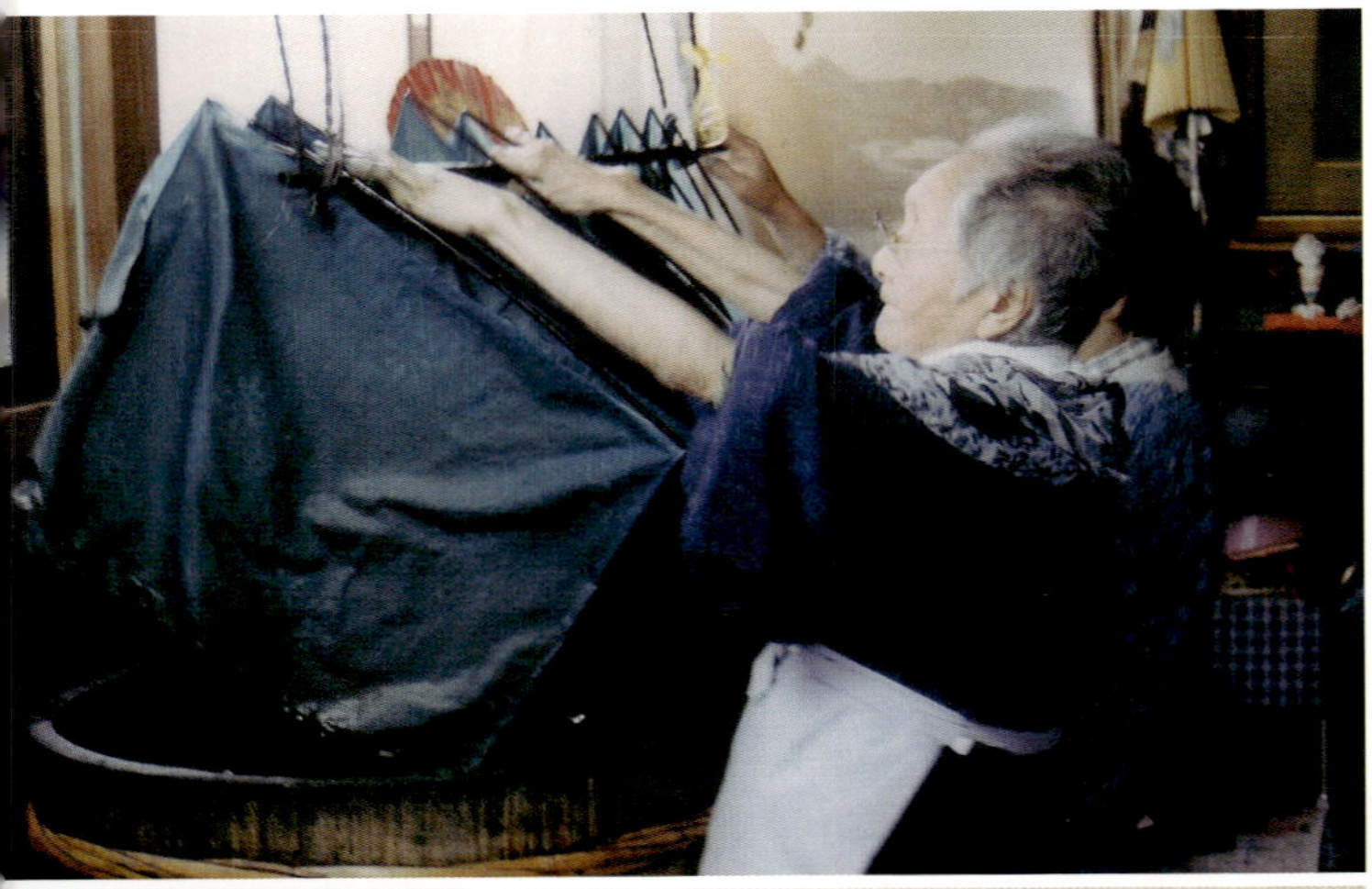

(右)工房で機を織るよしのさん。千葉家では、反物も麻を栽培するところから機織までですべて自分で行う。
(上)染色には木の樽を使う。藍玉と木灰をぬるま湯で溶かして染めに入るまで、1週間かかる。
(左)発酵させた藍の葉はおもちのようになるまで臼でつき、直径12cmくらいに丸めて天日で乾かす。

故・千葉あやのさん。正藍染の伝統を守る姿は、東映による記録映画「藍に生きる」にもなった。

自然の流れに任せた藍染め技法を伝える千葉家の主婦たち

正藍染は飛鳥時代以前に中国から伝わった技法である。日本では平安時代にほぼ完成し、鎌倉時代には全国に広まった。以来、明治時代ごろまでは盛んだったが、化学染料や染色の機械化に押されて、急速に姿を消していった。

文字地区に伝わった正藍染は、自分たちの着物を作ることで継承されてきた。明治中ごろには30軒ほどの農家で行われていたが、昭和に入ると5軒ほどにまで減少。昭和20年代には1軒だけになってしまった。千葉家といい、愛藍人・文字の隣の大きな農家がそれだ。

現在は、千葉よしのさんと嫁のまつ江さんが伝統の技術を受け継ぎ、家の敷地内にある工房で正藍染を作りつづけている。

よしのさんの母、故千葉あやのさんは、昭和30年に正藍染唯一の継承者として国の重要無形文化財に指定された。その後、10年間にわたって娘のよしのさんと孫嫁のまつ江さんに技術を伝承。よしのさんも県指定無形文化財藍保持者に認定されている。

藍は春に種をまき、7月末から9月にかけて刈り取った後、半年以上かけて乾燥・発酵させ、翌年の4月になって藍玉にする。この藍玉をぬるま湯に溶かして自然発酵させてから染めを始める。自然の状態の藍を使うので、染めができるのは6月から7月の半ばくらいまでだ。火で温めながら年中染める通常の人工的な方法とは異なる昔ながらの手法。自然に寄り添いながら行うもの作りのすばらしさ。

千葉家では今、まつ江さんの長男のお嫁さんが4代目として、正藍染を受け継いでいる。

写真協力：栗原市役所商工観光課、愛藍人・文字

栗原市

●交通／JR東北新幹線くりこま高原駅からくりはら田園鉄道で細倉マインパーク前駅下車。車では東北自動車道築館ICで降り、国道4号線経由国道457線へ。

愛藍人・文字●営業時間／10:00～17:00、水曜休●入館料／大人300円・子ども150円●問い合わせ先／TEL:0228-47-2141

戸沢村◎山形県

最上川随一の景勝地で芭蕉を偲んで舟下りをする

平安時代に交通路として利用されてきた最上川。今も当時と変わらぬ美しさを見せる。

芭蕉も愛でた最上川随一の景勝地を舟でのんびり下る

「五月雨を　集めて早し　最上川」

山形県米沢市の西吾妻山を源として北上し、新庄盆地で進路を西に変え、酒田市で日本海に注ぐ最上川。各地域から豊かな水を集めて流れる距離は229kmにおよぶ。

日本三大急流の一つといわれているが、実は川全体をみると水量が豊かで、ゆったりした流れである。急流と思われているのは、最上川三難所などの印象が強いからだろうか。それとも、松尾芭蕉の句のイメージのせいだろうか。

この最上川が新庄盆地で西に進路を変えて少し下ったあたりに、戸沢村がある。ここは芭蕉も訪れた風光明媚な地で、村を東西に最上川が横切る。その村の中心となる古口《ふるくち》からお隣の立川町清川までの約16kmは最上峡とよばれる最上川随一の景勝地。一帯は最上川県立自然公園に指定されている。

季節ごとに色合いを変える山々、それを映してゆったりと流れる最上川。山肌からは幾すじもの滝が流れ、景観にアクセントをつける。

尾花沢・立石寺を巡った芭蕉は、大石田から最上川を下るべく舟に乗った。そして、戸沢村古口の舟番所で手形を受け、再び舟上の人となった。

その際、芭蕉もこの最上峡を下っており、その様子を次のように記している。

「白糸の滝は青葉の隙々に落て、仙人堂、岸に臨て立。水みなぎつて舟あやう」

現代の最上川舟下りは、古口の舟番所から草薙《くさなぎ》温泉の間を運航。船頭自慢の「最上川舟歌」を聞きながら約1時間、芭蕉も愛でた最上峡をたっぷりと満喫したい。

（右上）江戸時代の戸沢藩舟番所を復元した乗船所。舟茶屋を模した売店や、囲炉裏を切ったお休み処も往時を偲ばせる。
（左上）舟下りでは、船頭さんが自慢の喉で「最上川舟唄」を唄ってくれる。
（右下）番所の売店で売っていた鮎の塩焼き。とれたての新鮮な味わいを楽しめるのも、里山ならでは。
（左下）船頭がかぶっている笠は最上川下りのシンボル。売店ではお土産物として売っている。

森と渓流に囲まれた豊かな里山、角川。この姿を守り、伝えるために、住民は力をあわせて活動している。

(上) 角川里の自然環境学校のカンジキハイキング。手作りのカンジキで雪の上を歩けば、先人たちの知恵にただ、ただ感服。
(中) 山で採ってきた材料でもの作り。生活と自然のかかわりを学ぶ。
(下左) 干した大根からはたくあん漬けや、はりはり漬けを作る。
(下右) 角川では舞茸やとび茸、えのき茸、とらまき茸などきのこ類もたくさん採れる。

(上) 角川自慢の山菜。「こごみのゴマ和え」や「ぜんまい炒り」といった山菜料理が自慢だ。

(中) 川釣り体験。鮎やヤマメ、イワナ、さらにはカニやドジョウも捕れる。

(下) 夏の川遊び。楽しみながら、川の生態系を学ぶ。

今は舟の代わりに陸羽西線が走る。新庄市の新庄駅から庄内町の余目駅をつないでいる。

豊かな自然を次代に伝えるための自然体験ツアー

戸沢村は、豊かな川と緑深い山に囲まれた自然の宝庫でもある。その恵まれた自然を村づくりにもっと活かそうと、1989年から戸沢村では、自然体験学習を組み込んだ観光レクリエーションの開発に努めている。

その一端を担うのが、「角川《つのかわ》里の自然環境学校」だ。これは角川の集落の住民が手作りで地域運営している学校で、地元の180名が先生になって、自然や伝統文化をテーマにしたさまざまな活動を行っている。たとえば、「山の学校」では里山散策会やビオトープづくりを行い、「川の学校」は川釣り体験やいかだ作りを体験できる。

「食の教室」では地元のお母さんたちが先生になって伝統の料理を教え、「民話塾」では地元の民話語り部の人たちがさまざまな民話を聞かせる。藁細工や木工細工が学べる「もの作り塾」や、農業体験ができる「農の学校」もあり、山村留学や山村ホームステイを受け入れる制度も作られている。

「最初は子どもたちを対象と考えていましたが、大人の方たちもたくさん参加されています。最近はとくに郷土料理に興味をもって参加される主婦の方たちが増えてきました」と事務局の出川真也さんはいう。

県外からの参加者も多く、リピーターも少なくないそうだ。

「さまざまな活動を通して、村の人たちと参加者が一緒になって里山をつくっていくのがこの学校の狙い。やりたいこと、伝えたいことはまだまだたくさんあります」

村一丸となっての活動は、これからも力強くつづいていくだろう。

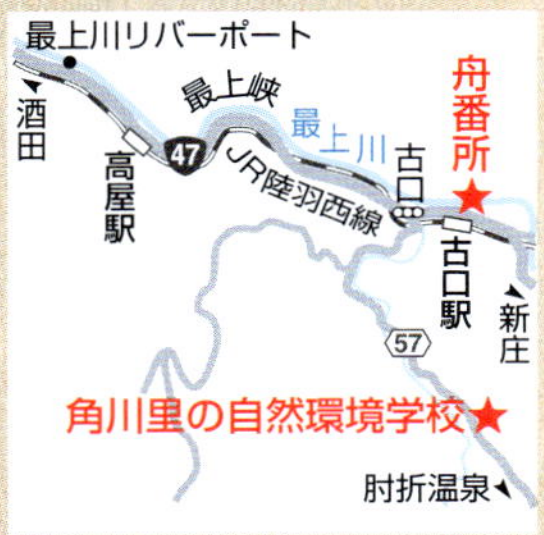

戸沢村
●交通／JR陸羽西線古口駅下車。車では東北自動車道古川ICから国道47号線。 **最上峡芭蕉ライン舟下り**●営業時間／始発9:00～最終便16:00（季節によって変わる場合あり）●料金／片道大人1970円、小学生以下990円●問い合わせ先／最上峡芭蕉ライン観光株式会社TEL：0233-72-2001（代） **角川里の自然環境学校**●問い合わせ先／TEL：0233-73-8051 **戸沢村役場**●問い合わせ先／TEL：0233-72-2111

写真協力：戸沢村役場産業振興課、角川里の自然環境学校

カブトムシに出合える里山

田村市常葉◎福島県

見渡す限り連なる阿武隈山系の山々。この山間に常葉エリアはある。

葉タバコ栽培から生まれた町おこし事業

阿武隈《あぶくま》山地の山懐に抱かれた田村市。周りを移ヶ岳《うつしがだけ》、鎌倉岳、大滝根山《おおたきねやま》といった標高900～1200m前後の山に囲まれた高原の町だ。

ここは平成17年3月に田村郡の7町村が合併して市になったところ。そのうちの1つ旧・常葉《ときわ》町は昭和63年にカブトムシをテーマに町おこしを行い、

(上)町中の街灯もカブトムシがデザインされている。
(右)カブトムシドームに生息するカブトムシ。なかには子どもたちが育てたものもある。虫かごの中とは違う姿を見せてくれる。
(中)近年、クワガタの養殖にも力を注いでいる。
(左)幼虫キットで育てたカブトムシのお里帰り。

「カブトムシ自然王国」としてミニ独立国を宣言。豊かな自然環境をアピールしている。

王国誕生の日は6月4日。常葉ではこの日を「ムシの日」に制定した。

この町がカブトムシをテーマとして取り上げたのは、常葉町が葉たばこ栽培を行っていたことに関係している。

「葉たばこの苗を栽培するのに、肥料として大量の腐葉土《ふようど》を使います。毎年、その中に大量のカブトムシの幼虫が発生してしまうんです。農家ではそれをずっと捨てていたのですが、昭和61年の春に姉妹都市である東京中野区で行われた緑化フェアに持っていったところ、子どもたちが大喜びをしたのです。それがきっかけになって、カブトムシで村おこしができないかということになりました」と、㈱田村市常葉振興公社の坪井貴美さんが解説してくれた。

以来、葉タバコ農家が捨てていたカブトムシの幼虫を㈱常葉村振興公社（現㈱田村市常葉振興公社）が買い上げ、「幼虫観察キット」として全国に発送。一部は手元に残し、羽化させて自然観察園に放している。

葉タバコ栽培の邪魔者だったカブトムシが、みごと村おこしの立役者に変身したのである。

周りを山に囲まれた高原の町、常葉。稲作と葉タバコ栽培重要な産業だ。

カブトムシを通して全国の子どもたちと交流を深める

町おこしの中心となる「カブトムシ自然王国」は、殿上山《でんじょうやま》の斜面に広がっている。

王国は遊園地の「こどもの国ムシムシランド」と、カブトムシ自然観察園「カブトムシドーム」、カブトムシの展示館「カブト館」などから構成されている。

カブトムシ自然観察園は、森の一部をネットで覆い、その森の中でカブトムシとふれあうことのできる日本初のカブトムシ観察ドームだ。

「カブト屋敷」には世界の甲虫の標本250種類、2000匹を展示。また、外国産の珍しいカブトムシやクワガタムシの生態も観察することができる。

8月に行われる「カブトムシ自然王国サマーカーニバル」では、幼虫セットで育てたカブトムシのコンテストや相撲大会などが行われ、虫好きな子どもたちで毎年にぎわう。

また、平成15年度から3年間、「全国カブトムシフェスティバル」を開催した。

「内容は、カブトムシの幼虫を全国の子どもたちに飼育してもらい、7月のフェスティバルの日に常葉に里帰りさせてもらうというもの。都市と農村の交流促進を図り、カブトムシの里を広くPRすることが目的でした。この催しのおかげで、県外の町と新たなつながりもできるなど、大きな成果があがりました」と坪井さん。

こうした活動に興味を示す自治体も多く、しばしば視察団が訪れるそうだ。

さまざまな施設やイベントでユニークな話題を提供しつつ成長してきた、常葉町の町おこし。これからも斬新なアイデアを提供してくれることだろう。

車の騒音がない世界。聴こえるのは鳥の声か風の音。

自然の雑木林の一部をネットで囲った「カブトムシドーム」。営業は夏季のみ。

カブト屋敷には世界一大きいカブトムシ「ヘラクレスオオカブト」や、日本では標本でもほとんど見ることのできない「ニジイロクワガタ」などの標本もある。

周囲の山にはきのこや山菜が豊富。「ときめき山学校」では、山の幸の収穫体験も行っている。

渓流でイワナのつかみ捕り。うまくつかめたときの喜びは筆舌につくしがたい？

サマーフェスティバルでの「カブトムシ相撲大会」。育ての親は応援に力が入る。

森そのままの中でカブトムシの生態を観察できるカブトムシドーム。広さは縦20m、横20mで、2棟ある。

啓蟄の日に行われる幼虫の買上式。葉タバコ栽培農家の主婦が幼虫を㈱田村市常葉振興公社に納入する。

田畑あり、山あり、川あり。自然満載の常葉は、さまざまな楽しみを都会育ちに提供してくれる。

(右)田んぼ脇の道端にたたずむお地蔵様。町の人たちの信心深さを感じさせる。
(中)今では珍しくなった火の見やぐら。使われないままでいることが望ましい。
(左上)渓流でイワナのつかみ捕り。川原で炭焼きにしていただく。
(左下)山の学校の田植え風景。都会育ちのオーナーも農作業に精を出す。

刈り取りが終わった初冬の田んぼ。今年もおいしい米をたわわに実らせた。

阿武隈の自然を楽しむ「ときめき山学校」

カブトムシで町おこしを進める一方、常葉町は「ときめき山学校」と銘打ったグリーンツーリズムで都会の人々に自然体験の機会を提供している。

先生は町の人たち。山の達人、きのこ採り名人、農業歴40年の大ベテラン、湘南から移住したハーブの専門家や渓流釣りの達人、そば打ち名人と多種多彩である。

自然体験では、山菜採りや渓流釣り、昆虫採集、登山などを実施。農業体験では米作りをはじめ、ジャガイモやトウモロコシ、トマト、ナスなどたくさんの野菜作りが体験でき、そば栽培や炭焼きも人気が高い。

米作りではたんぼのオーナー制度を実施している。田の日常の管理はときめき山学校の達人が行ない、オーナーは田植えや稲刈りを体験することができる。また、希望があれば、それ以外の農作業を達人から指導してもらうこともできる。作る米はコシヒカリや、福島県オリジナルの水稲品種「ふくらみ」などを、低農薬有機肥料使用で。収穫後は自然乾燥させた自慢の米を手にすることができるという仕組みだ。

たんぼのオーナー制度のハイライトは、収穫祭だ。1年間かけて作った米がオーナーに引き渡たされる。この日は1日、注連飾り作りや、もちつきなどで互いの親交をさらに深めた。その後、米の引渡しが行われ、最後は山菜づくしの夕食会でにぎやかに1日が締めくくられる。

ここでは、さらにそばオーナー制度をはじめとする新たなプログラムの準備が進行中。「もっと里山のすばらしさを知ってもらいたい」と、スタッフはさらに意欲を燃やしている。

田村市常葉町

●交通／JR磐越東線船引駅からバスで常葉町内下車、タクシー利用。車では東北自動車道郡山JCT、または常磐自動車道いわきJCTから磐越自動車道。船引・三春ICで国道288号。**カブトムシ自然観察園**●開園期間／7月第2土曜～8月23日●営業日／7月16日～8月21日、それ以外の土・日曜●開園時間／10:00～16:30●入園料／大人（高校生以上）300円、小人（5歳以上）250円。**常葉町グリーンツーリズム「ときめき山学校」**●営業時間／9:00～16:30　上記2ヵ所問い合わせ先／（株）田村市常葉振興公社 TEL：0247-77-4097

写真協力：田村市役所観光交流課、（株）田村市常葉振興公社

千葉県の中で一番新しく、一番おいしいのりを作る新富津漁港。

海苔作りが体験できる里海

富津市◎千葉県

採取した海苔は自宅の工場でその日のうちに加工

新春1月は、海苔の最盛期だ。内房の新富津《ふっつ》漁港では、朝の7時ごろから海苔を採りに出ていた船が続々と戻って来る。そして、黒々とした海苔の入ったケースをいくつもトラックに積むと、どの車も早々に港を出て行ってしまった。そこに、ふつうの漁港の朝のにぎわいはない。「みんな家に戻って、採れたての

(左上)採ってきた海苔は、3ℓのタンクで攪拌する。　(右上)収穫した海苔は1ケースで12000枚くらいになる。
(左下)できあがった海苔は100枚ごとに帯をして箱に詰める。　(右下)機械化によって、乾燥時間が半分くらいになった。

海苔をすぐに加工するんですよ」と、新富津漁協の平野さんが教えてくれた。

海苔を採るのはご主人の役目。加工するのは奥さんの仕事だそうだ。

乾海苔作りのプロセスはいたってシンプル。生海苔を水で溶いて、すのこの上に敷き、乾かす。この作業を昭和40年ごろまでは手作業で行ってきたが、今は全部機械が行ってくれる。

3ℓのタンクに採ってきた海苔を入れると、攪拌、異物除去、洗浄、カット、真水洗い、調合とつづき、メインの機械である全自動海苔乾燥機が海苔漉き、乾燥までを一挙に行う。すのこに流してから、乾いて出てくるまでに約2時間10分。できた海苔は再び異物検査が行われ、品質チェックされた後、10枚ずつ揃えてたたみ、さらに100枚ずつ帯をかけてできあがりだ。

手作業で行っていた昔は1日に800枚くらいが限度だったが、今では17000枚から20000枚を1日で作る。

新富津漁協には143人の組合員がいて、年間2億3000万枚の海苔を生産する。全国の生産量は100億枚、千葉だけで4億5000万枚。新富津漁協の生産高はその中で日本一を誇っている。

各漁家で作られた海苔は、漁協の検査場で等級を決めて箱詰めし、出荷する。等級は100以上あり、ポイントは色や厚さ、エビの混入・破れ・穴の有無など。

(右)海苔の検査をするのは、千葉県魚連から派遣された主任検査員。1日で300万枚くらい検査する。
(上)千葉の海苔は香りがよく、色が黒いのが特徴。海苔を加工する際に塩分を5％以内で入れているため、甘みがあっておいしい。
(左)新富津漁港の安全を見守る灯台。
(左ページ)海沿いの町中では、あちらこちらに漁の道具や船が置かれている。

技術開発や徹底した品質管理でブランド化に成功

新富津漁協は昭和46年に誕生した新しい漁協だ。

昭和30年代半ば、富津周辺には東京湾臨海地域埋立計画が持ち上がった。富津地区にあった4つの漁協の漁師たちは漁業権の放棄を迫られた。

「そのとき、1400人いた組合員の中で、どうしても海に残りたいという人たちを募って作ったのが、新富津漁協です」

応募者は800人いたが、漁場が200人分しかなく、年齢や後継者の有無を考慮して選考。236人にまでしぼりこんだ。

外洋性が強くて海苔の養殖にはあわないといわれた富津岬の南側の海に漁場を開拓。新しい技術の開発と、徹底したルール作りで、10年後には海苔問屋から「新富津の海苔」として評価を受けるまでに成長した。

「海苔の養殖方法、刈り取り方法、種網の保存方法などさまざまな技術を開発して、普及してきました。その結果、安定した収穫量を維持できるようになり、ブランドとしての価値を高めることできました」

技術だけでなく、品質管理にも気を配る。

海苔には小さなエビが混じることがよくある。これを消費者は虫が入っていると勘違いしてクレームになることがあるそうだ。こうしたことが起きないように、加工の前段階と製品になった段階で異物除去機を使ってチェックする。新富津漁協では、ブランドの信頼を高めるために、組合員全員に異物除去機の購入を推奨。この2度の異物除去チェックをしない漁家は検査に持ち込めないとしている。

千葉県では15の漁協が海苔を作っている。

これらの海苔は全国の海苔のなかでも価格が一番高いが、その中でも新富津の海苔は最高値をつける。

自分たちの海を奪われ、それでも海に出たいという漁師たちの仕事への愛情と意地が、日本一の海苔を実現させたに違いない。

「今はどこでも後継者不足に悩んでいますが、この漁協だけはその心配がないんです。収入が安定していることもあるのでしょうが、2代目、早い人では3代目が後をついでいます」

若い人たちで構成されている研究会もあり、より美味しい海苔を提供するための努力がつづけられているそうだ。

(右)昔の海苔漁師の家の復元。海苔漁に使った伝馬船や海苔漉きの道具などが展示されている。(富津埋立記念館内)
(左上/下)富津埋立記念館内に展示された、昔の海苔漁の模型。海苔は手で網からはがし、漉いた海苔は天日で乾かした。

昔の海苔作りを子どもたちに伝える体験ツアー

機械化が進んだことで、新富津の港からは、昔ながらの海苔作りの風景がすっかり姿を消した。

「昔の方法は60歳代以上の人でないと知りません」というのは、昭和40年代まで海苔漁を行っていた松本孝さんだ。

「私たちの時代は、朝の2時か3時に起きて海に出て海苔を採り、8時くらいまでに手作業で海苔を漉き、そして約5時間かけて天日で乾かしました。」

1日に漉く海苔は約1000枚が限度だったとか。

「冬場の仕事だから、とにかく手が冷たかった」と松本さんは当時を振り返る。

昔の海苔作りを知るには、富津埋立記念館に行くのがいい。ここは富津の埋立事業が完成したときに、海浜地域に栄えた漁業関係の資料を展示する目的で作られた。

館内では当時の漁の様子をパネルや模型、実物などで紹介。海苔漁に関する展示も行なわれている。

この建物の外はしばしば、「のり体験ツアー」の舞台となる。「のり体験ツアー」は富津市観光協会富津支部が主催するもの。生海苔を水で溶いた段階から、すのこに流して干すところまでの手作業を体験する。松本さんはそのツアーの先生だ。

「海苔の手加工体験は4～5年前から始められている試みです。子どもたちに地元富津の食文化を伝えておきたいというのが狙いです」

まず松本さんがお手本をみせ、子どもたちが一人ひとり海苔を漉く。なかなか枠の中に均等に海苔を流せず、みな四苦八苦。しかし、手作業を体験する顔は一様に楽しげだ。

現在は、地元の2つの小学校で、授業の一環として海苔手加工体験を取り入れている。

ほかにも、中学・高校が修学旅行のプログラムに取り入れるなど、幼稚園から老人会まで、幅広い層の人たちが海苔作りを体験しているそうだ。

「のり体験ツアーは1年中やっていますが、できれば、海苔の最盛期である1月から4月ごろに来ていただきたいですね。そのときなら、新鮮な生海苔を使って海苔作りができますし、当時の漁師たちの冷たい思いを実感してもらえますから」

新鮮な海苔はやはり一味違う。それを食べてみるのも貴重な体験だ。

（上）富津公園沖の海が、新富津漁協の海苔養殖の漁場だ。
（右下）富津埋立記念館。建物の右奥で海苔手加工体験が行われる。
（左下）かつての海苔漁の辛さを、思い出深く語る松本孝さん。

空調はいっさい入っていない。自然の温度と湿度の中で、発酵が行われる。

(上)ひんやりとした蔵の中に、歴史を感じさせる桶が並ぶ。
(右)佐賀の城下町で160年の歴史を刻む宮醤油店。メインの建物は明治25年に建てられた。
(左)醤油を入れる容器はガラス瓶。空気を通さないので長持ちし、他のにおいも移らないのが利点だ。

富津市というと海を思い浮かべるが、実は里海だけでなく、豊かな自然の残る里山もある。

江戸から伝わる醤油造りを今も守る佐貫で唯一の醤油店

富津は房総半島の中西部に位置し、海と山に囲まれた自然豊かな町。豊かな自然は漁業だけでなく、さまざまな産業を発展させてきた。

佐貫地区の醤油製造も、そのひとつだ。佐貫は江戸時代に城下町だったところ。江戸時代から酒屋や醤油屋が多く集まっていた。

「お醤油の生産には、気候が温暖で、四季の変化がはっきりしたところがいいようです。とくに佐貫は、適度に湿り気のある風が海から吹きこむことと、よい湧き水に恵まれていたことで、造り酒屋や醤油屋が集まりました」と説明してくれたのは、宮醤油店の6代目当主、宮正蔵さん。

佐貫では唯一残る醤油店だ。

創業は天保5年（1834）。160年を経た今日まで、木桶による天然醸造方式を守りつづけている。

「最近は、醸造の際の温度をコントロールして、1年中生産できるようにする方法が一般的です。しかし、温度管理を気候に任せる天然醸造方式は、10月から5月の間しか仕込みができません。そのため、量はたくさん造れませんが、より風味のある製品に仕上がります」と宮さん。

香ばしいにおいを放つ工場には、古い大きな木桶が設置され、冬の寒さの中で静かに変化を遂げている。

宮醤油では、今ではあまり見ることのできなくなった天然醸造方式の醤油造りを多くの人に知ってもらうため、蔵の見学を行っている。自然に身をゆだねたもの作りのあり方に、時間に追われないことの大切さを教えられる。

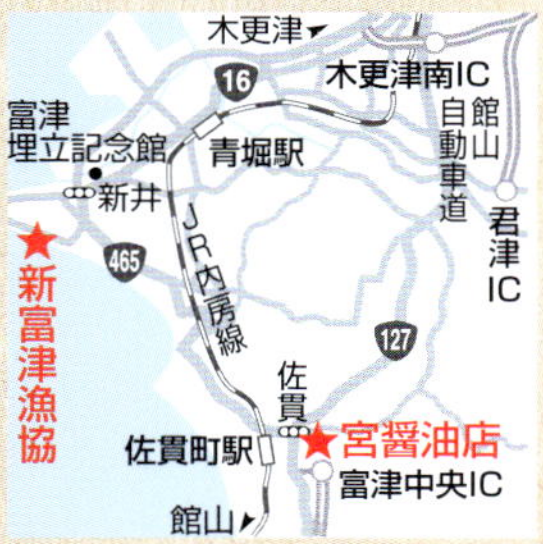

富津市

●交通／JR内房線青堀駅下車。車では館山自動車道木更津南ICから国道16号線、127号線、君津ICから127号線。**富津市観光協会富津支部**●問い合わせ先／TEL：0439-87-2565　**富津市新富津漁協**●問い合わせ先／TEL：0439-87-3555　**（有）宮醤油店**●営業時間／店舗8:30〜18:00（工場休業日 9:00〜）、不定休。工場8:30〜17:00、土日祝日休、お盆、年末年始休●問い合わせ先／TEL：0439-66-0003●見学は要予約

い姿と優雅な舞いとともに、つがいが鳴き合う声や若鳥の声、警戒の声などが聞こえてくる。

八戸港・蕪島のウミネコ

所在地:青森県八戸市
時期:3月〜7月頃

八戸港の東側、今は埋め立てられて地続きとなった蕪島はウミネコの一大繁殖地。ウミネコは2月下旬ごろに南方から飛来し始め、成長したヒナが巣立つ7月ごろまで、蕪島と八戸港一帯は「ミャーミャー」というネコに似たにぎやかな鳴き声に覆われる。

小川原湖畔の野鳥

所在地:青森県三沢市
時期:5月下旬〜7月上旬

八甲田連峰の山並を背景に、小川原湖畔に広がるヨシ原では稀少種のオオセッカやコジュリンがさえずり、ヨシキリやクイナがにぎやかなコーラスを聞かせてくれる。仏沼地区はオオセッカの世界的な繁殖地。絶滅危惧種の鳥や虫も棲息し、渡り鳥の中継地としても知られる。

奥入瀬の渓流

所在地:青森県十和田市
時期:5月〜10月

十和田湖畔の子ノ口から焼山にいたる約14㎞の流れが奥入瀬渓流で、日本屈指の景勝地の一つ。変化に富んだ流れや数多くの滝、さまざまな奇岩、ブナ原生林の木立が渓流の自然美を構成し、豊かな水が時に激しく、時に繊細に美しい和音を奏でている。

ねぶた祭・ねぷたまつり

所在地:青森県青森市、弘前市
時期:8月1日〜8月7日

大きなねぶたを囲んで、ハネト(踊り子)が「ラッセーラー、ラッセーラー」のかけ声で乱舞する青森のねぶた。「ヤーヤドー」の勇ましいかけ声で、扇型のねぷたが町を練り歩く弘前のねぷた。地に響くかけ声や豪快な太鼓の音、哀調を帯びた笛の音は圧倒的な迫力をもつ。

碁石海岸・雷岩

所在地:岩手県大船渡市
時期:通年

陸中海岸国立公園にある碁石海岸はリアス式海岸で、切り立った岩肌には洞門や洞穴

オホーツク海の流氷

所在地:北海道網走市、他 オホーツク海沿岸
時期:1月下旬〜3月中旬頃

冬の北海道を代表する風物詩。シベリアの寒気にさらされ氷となった流氷は1月中旬ごろからオホーツク沖に姿を現し、宗谷岬から知床の岸に接岸。やがて海は見渡す限り真っ白な世界に変わる。耳を澄ますと流氷たちの不思議なささやきが聞こえてくる。

時計台の鐘

所在地:北海道札幌市
時期:通年

明治11年(1878)、旧札幌農学校の演舞場として建てられた時計台は、現存する日本最古の時計塔。札幌の歴史とともに100年以上もの間、時を刻みつづけ、近代的な都会へと変貌した札幌に当時の面影を伝えるとともに、今も変わらず鐘の音を響かせ親しまれている。

函館ハリストス正教会の鐘

所在地:北海道函館市
時期:土曜夕方、日曜午前

ロシア司祭によって日本にはじめて伝えられたとされるギリシャ正教の由緒あるこの教会は、白い壁に青緑の尖塔をあしらったビザンチン様式の外観で、国の重要文化財に指定されている。鐘楼に吊るされている大小6個の鐘は独特の明るい音色を函館の街に響かせている。

大雪山旭岳の山の生き物

所在地:北海道上川郡東川町
時期:4月〜6月末

アイヌの人たちが「神々の遊ぶ庭」と呼んだ大雪山国立公園には、手つかずの大自然が残っている。朝早くに主峰旭岳の自然探勝路を散策すれば、氷河期の生き残りといわれるナキウサギの声やコマドリ、ミソサザイなど野鳥たちの美しいさえずりを聞くことができる。

鶴居のタンチョウサンクチュアリ

所在地:北海道阿寒郡鶴居村
時期:10月下旬〜3月中旬

絶滅が危惧されていた特別天然記念物のタンチョウは、地元住民の保護活動のおかげで、今では冬に200羽もが飛来する。市街近郊のタンチョウサンクチュアリでは気品高

日本の音風景百選 1
北海道・東北・関東編

平成8年(1996)環境庁選定

自然の音、生物の音、生活の音、
そして人の声。
地域のシンボルとして、
将来に残していきたい
“音の聞こえる環境”、それが「音風景」。
全国から選ばれた音風景は、
音が紡ぐ里山のもうひとつの風景です。

神社を皮切りに12月中旬まで町のあちこちで聞くことができる。鶴岡に師走の訪れを告げる風物詩だ。

最上川河口の白鳥

所在地：山形県酒田市
時期：10月上旬〜4月下旬頃

最上川は芭蕉の「奥の細道」でも有名な日本有数の河川。その河口には鳥獣保護区に指定された日本一の白鳥の飛来地、最上川スワンパークがある。集まる数は数千羽。鳴きかわす声の力強さは圧倒的で、壮大な自然と生き物の営みを肌で実感することができる。

福島市小鳥の森

所在地：福島県福島市
時期：4月〜6月

「小鳥の森」は阿武隈山地西端の丘の上にあり、カワセミやホトトギス、サンコウチョウ、シジュウカラなど約90種類の野鳥の姿や声を観察をすることができる。森には観察路が設けられ、ネイチャーセンターではこの丘の自然や小鳥たちについての説明が受けられる。

大内宿の自然用水

所在地：福島県南会津郡下郷町
時期：通年

大内宿は会津若松と栃木県今市を結ぶ旧・会津西街道の山間にあった宿場町だ。山から引かれた用水路はその街道に沿って設置され、清らかな水は今に至るまで人びとの生活を支えつづけている。江戸宿場町を再現した軒並にとけ込み、風情ある水音を聞かせてくれる。

からむし織のはた音

所在地：福島県大沼郡昭和村
時期：通年

からむしとはイラクサ科の多年草のこと。茎から繊維をとって糸に紡ぎ、独特のからむし機で布を織る。山と畑の広がる山里によく似合うのどかな機織りの音は、今も「からむし会館」などの施設からいつでも聞こえてくるが、とくに冬の雪の季節には音色が響いて美しい。

北上川河口のヨシ原

所在地：宮城県石巻市
時期：4月〜12月頃

北上町で追波湾へと注ぐ東北一の大河北上川。河口から上流10㎞ほどの所まで広がる広大なヨシ原では、ヨシが風に吹かれてふれあい、数多くの野鳥の声とあいまって表情豊かな音色を奏でる。毎年冬になると行われる昔ながらのヨシ刈りはこの地方の風物詩だ。

伊豆沼・内沼のマガン

所在地：宮城県栗原市、登米市
時期：10月中旬〜2月下旬

冬の到来とともに雁がカギや竿の形になって飛んでくる様子は、かつては日本のどこででも見られる風景だった。伊豆沼や内沼では今も数多くの雁が越冬のために飛来し、早朝や夕刻には大群が鳴きかわしながらいっせいに飛び立つ、壮大な風景が見られる。

風の松原

所在地：秋田県能代市
時期：通年

南北14㎞にわたって能代海岸に広がる黒松林は「風の松原」と呼ばれ親しまれている砂防林だ。日本海から吹きつける厳しい潮風を受け、松林は「松籟」といわれる木と風が渾然一体となった重厚な音を奏でる。四季折々、樹齢や場所によっても違った「松籟」が聞かれる。

山寺の蝉

所在地：山形県山形市
時期：7月下旬〜8月中旬

江戸時代の俳聖・松尾芭蕉が「閑かさや岩にしみ入る蝉の声」と詠んだ宝珠山立石寺。山門をくぐると奥の院まで鬱蒼とした杉や松の林がつづき、荘厳な雰囲気に心打たれる。今でも夏になると芭蕉翁が聞いたであろうものと同じ蝉時雨が閑かな山寺の森に響き渡っている。

松の勧進の法螺貝

所在地：山形県鶴岡市
時期：12月1日〜12月中旬

大晦日から元旦にかけて羽黒山で催される出羽三山神社の「松例祭」。その浄財を集めるために山伏が法螺貝を吹き鳴らしながら町を回る伝統行事が「松の勧進」だ。日枝があちこちに見られる。ここでは「ドーン」と足がすくむような轟音が響く。洞窟に押し寄せた波が空気を圧縮し、雷鳴のように轟いているのだ。これが雷岩の名の由来だという。

水沢駅の南部風鈴

所在地：岩手県水沢市
時期：6月〜8月

南部鉄器のふるさと水沢市。ＪＲ東北本線水沢駅のホームには、毎年夏になると当地で製作された南部風鈴がたくさん飾られている。近年、一般家庭では飾ることが少なくなったが、安らぎを与えてくれる南部鉄器の風鈴の音色は、今でも代表的な日本の夏の風物詩である。

チャグチャグ馬コの鈴の音

所在地：岩手県岩手郡滝沢村
時期：6月第2土曜

色とりどりの装束をまとい大小の鈴をつけた百頭余りの馬コが、馬の氏神を祀った滝沢村の蒼前神社にお参りする。岩手山を背景に「シャグシャグ、チャグチャグ」と鈴を鳴らしながら行進する馬コたち。奈良時代から馬を大切にしてきた歴史を感じさせる音である。

宮城野のスズムシ

所在地：宮城県仙台市
時期：秋

大都市とは思えないほど豊かな緑が保たれた仙台市は「杜の都」とも呼ばれてきた。その自然をさらに豊かにすべく、市ではスズムシを中心に環境保護活動をつづけている。高森山、枡江の森、鶴ヶ谷中央公園などでは、秋になると澄んだスズムシの心地よい音色が鳴り響く。

広瀬川のカジカガエルと野鳥

所在地：宮城県仙台市
時期：カジカガエルは5月末〜8月、野鳥は通年

市の中心から少し離れた大橋から評定河原橋に至る広瀬川の河川敷には、川のせせらぎの音や野鳥・蛙の声が美しくこだまする場所がある。四季折々の野鳥の声、初夏からはカジカガエル。早朝や夕刻の町が静まる時刻に聞くのがおすすめの貴重な町中の大自然である。

武蔵野の趣を残す石神井公園地域に、区の「しずけさ10選」にも選ばれた「三宝寺池」がある。池には水が湧き出し、珍しい水生植物が育つ。周りを囲む木々のさざめきと小鳥のさえずり、水鳥の羽音が静けさの中に響く。

成蹊学園ケヤキ並木

所在地:東京都武蔵野市
時期:通年

樹齢80年以上、高さ12mにもなるケヤキ並木は成蹊学園のシンボル的存在である。春の新緑、夏の鬱蒼とした深緑、秋の紅葉、冬木立と目にも鮮やかに四季の移ろいを告げ、折々に違うさまざまな葉ずれの音を聞かせてくれる。町が静かな早朝に聞くのがおすすめ。

横浜港新年を迎える船の汽笛

所在地:神奈川県横浜市
時期:元旦の午前0時

元旦の午前０時、横浜港に停泊する船がいっせいに汽笛を鳴らす。甲高い音から地に響く太く低い音まで、さまざまな音が力強いハーモニーを奏でる新年の幕開けにふさわしい音だ。山下公園や港周辺は、この「除夜の汽笛」を聞こうと集まった人びとであふれかえる。

川崎大師の参道

所在地:神奈川県川崎市
時期:1月〜2月

昔ながらの仲店商店街が軒を並べる川崎大師の参道は、人情味あふれ活気に満ちた昔懐かしいたたずまいを残す門前町だ。人びとの喧噪や店先から聞こえる呼び込みの口上、包丁を使う音など、とくに参拝客の多い１月から２月にかけてはにぎやかな音風景が繰り広げられる。

道保川公園のせせらぎと野鳥の声

所在地:神奈川県相模原市
時期:通年

相模川の支流の１つ、道保川の水源域にある道保川公園には、湧き出る水源とともに豊かな自然が残されている。水辺に生い茂る植物、クヌギやコナラの木立、沢のせせらぎの音やメジロやシジュウカラなどの野鳥のさえずりが静寂の中にこだまする心安らぐ空間だ。

三宝寺池の鳥と水と樹々の音

所在地:東京都練馬区
時期:通年

古くからの史跡や伝説に富み、落ち着いたなど多様な虫たちがいっせいに鳴き出し、さらさらと草原を渡る秋風ににぎやかな音色を添える。

樋橋の落水

所在地:千葉県佐原市
時期:通年

江戸時代、銚子と江戸を結ぶ利根川用水路によって発展した水郷の町、佐原。当時の面影がよく残された風情ある町だ。中央の小野川にかかる樋橋は「じゃあじゃあ橋」の通称で親しまれてきた用水用の橋。当時の落水施設が復元され、豊かな水音が町に情緒を添えている。

麻綿原のヒメハルゼミ

所在地:千葉県夷隅郡大多喜町
時期:7月中旬〜8月上旬

大多喜町の南部に位置する麻綿原高原はアジサイで知られ、毎年７月中旬ごろから20万株ものアジサイの花が咲く見事な風景が見られる。この地はヒメハルゼミの有数の生息地でもあり、アジサイの開花とともにいっせいに鳴き出す。山自体が響くような大合唱だ。

柴又帝釈天界隈と矢切の渡し

所在地:千葉県松戸市、東京都葛飾区
時期:通年

参拝客でにぎわう帝釈天参道の店先からは飴を切る音や水音、うちわを使う音など。そして境内からは梵鐘の音。活気に満ちた門前町の昔懐かしい音が、また江戸川の矢切の渡しでは渡し船の櫓の音、四季の川辺の野鳥の声など、ゆったりした自然の音が聞こえてくる。

上野のお山の時の鐘

所在地:東京都台東区
時期:通年

芭蕉が「花の雲　鐘は上野か浅草か」と詠んだときに聞いたとされるのが上野にある「時の鐘」。寛永寺に属する鐘楼は上野公園内の高台にあり、江戸時代には２時間ごとに撞かれて人びとに時を告げていたという。現在は、朝、正午、夕方の１日３回聞くことができる。

五浦海岸の波音

所在地:茨城県北茨城市
時期:通年

変化に富んだ入り江をもつ五浦海岸は、岡倉天心の六角堂があることでも有名。下村観山や横山大観らもこの地で創作に励んだ。その六角堂周辺の断崖に波がぶつかる音は、季節や天候によって優しくまた激しくさまざまな音色を奏でる。波の荒い冬の波音はとくにすばらしい。

太平山あじさい坂の雨蛙

所在地:栃木県栃木市
時期:6月下旬〜7月上旬

太平山の麓から山頂の太平山神社に至る参道には、約2500株ものアジサイが植えられ、梅雨の時期には色とりどりの花が咲き誇る。この時期になるとカエルたちも合唱を開始。静かな雨音にかわいらしくにぎやかなカエルの声がしっとりと落ち着いた風情を醸し出す。

水琴亭の水琴窟

所在地:群馬県多野郡吉井町
時期:通年

創造学園大学のキャンパス内にある4000坪の広大な庭園「水琴亭」。この日本庭園の茶室のかたわらに水琴窟がしつらえてある。地中に埋められた陰と陽をなす２つの瓶の共鳴が生み出す、繊細で高く澄んだ音の響き合い。心にしみ込んでくるような奥深い音色だ。

川越の時の鐘

所在地:埼玉県川越市
時期:通年

中町から札の辻にかけて、昔、「小江戸」と呼ばれて栄えた古い蔵造りの家が建ち並ぶ城下町・川越。一番街の近くには町のシンボルとなっている鐘楼「時の鐘」がある。350年間、変わらずに川越に時を告げてきたこの鐘は、今も１日４回、趣のある音を町に響かせている。

荒川・押切の虫の声

所在地:埼玉県大里郡江南町
時期:8月中旬〜10月上旬

荒川の中流域、江南町の押切の河川敷には、ほとんど人の手が加えられていない自然の草原が広がっている。秋になるとマツムシをはじめスズムシ、コオロギ、キリギリス

甲信越・北陸・東海

農作業ボランティアが千枚田を守る里山
石川県輪島市

イカ釣り体験のできる里海
福井県越前町

砂金採り体験ができる里山
新潟県佐渡市

ホタルに出合い、清流に遊ぶ里山
岐阜県山県市美山

風薫る季節、茶摘みを体験できる里山
静岡県川根本町

組紐作りを体験できる里山
三重県伊賀市

コラム
日本の音風景百選②

農作業ボランティアが千枚田を守る里山

輪島市◎石川県

急斜面に展開する千枚田の田植え。一息ついて見晴らす日本海が、パワーを与えてくれる。

海まで続く千枚田 多くの観光客を魅了する名勝は国指定文化財

輪島の市街地から国道249号線で海岸線沿いに走ると、幾すじものうねるような線が、急斜面に描かれた風景がみえてくる。うねるようなすじに囲まれた幾何学模様は田んぼ。それが日本海の波打ち際まで続いているのは壮観だ。

(上) 能登地域は珪藻土の土壌の上にあり、地すべりを起こしやすい土地柄だ。千枚田は、地滑りの起こった傾斜地に造られた。白米地区をはじめ、輪島市内の多くの傾斜地で同様の千枚田を見ることができる。かつて白米地区では塩作りも盛んだったが、明治時代に入って塩作りが衰退すると、千枚田耕作に力が注がれるようになり、多くの千枚田が拓かれた。
(下) 能登半島の北端に位置する輪島市。高洲山を頂点とする山々が東西に連なって海に迫り、その山々から流れ出る小河川は枝状になって日本海に注ぎ、その流域の沖積平野には市街地や農耕地が広がる。一方、日本海に面して延びる約50kmの海岸線は、その優れた自然景観から能登半島国定公園に指定されている。海と山の幸に恵まれた豊かな里だ。

これが輪島の名勝の一つ「白《しろ》米千枚田《よねせんまいだ》」である。四季折々に違った表情を見せる「千枚田」は、多くの観光客にシャッターを切らずにいられない魅力をふりまいている。

ここの景観のすばらしさは、「日本の米づくり百選」（平成3年）、「手づくり郷土賞」（平成4年）、「手づくり観光地百選」（平成6年）、「水の郷」（平成8年）、「日本の棚田百選」（平成11年）に選ばれ、平成13年には国指定文化財名勝指定を受けた折り紙つきだ。

国指定文化財名勝指定を受けた部分は、1004枚。だが、かつては1.2haの面積に2000枚以上の田んぼがあったといわれる。1枚の広さはわずか5・28m^2。なかには1枚1m^2というものもある。

「百姓夫婦が自分の田んぼを数えたとき、どうしても2枚足りなかった。不思議に思って自分たちの蓑《みの》を持ち上げてみると、その下に2枚の田んぼが隠れていた」という逸話が残るほどの狭さだ。「狭いだ、狭いだ（田）」が転化して千枚田と呼ばれるようになったという説もある。

(右上)黄金色に実ったコシヒカリが収穫のときを待つ。
(右下)冬ともなれば、深い雪に埋もれる。
(左上)外国人もボランティアに参加。慣れない手つきで、真剣に植えている。
(左下)ボランティアには大学生や高校生の学生も参加。裸足で田んぼに入るのは少し、勇気がいる。
(左ページ)ボランティアとして人びとが千枚田を守るからこそ、この美しい風景を楽しむことができる。

昔ながらの手仕事の農作業にボランティア参加

この輪島きっての景勝地が、年に何回かにぎやかになる。それは農作業のボランティア活動が行われるときだ。

米作りはまず、4月中旬の田作りの作業から始まる。狭い田んぼには機械が入らないので、作業は昔ながらの手作業だ。下旬には畦《あぜ》つけをする。これも手作業である。

5月上旬には代かきが行われる。田んぼに水が張られて、ようやく棚田らしい風景になる。

そして5月中旬には200人規模での田植えが行われ、6月から8月の作業はもっぱら草刈りとなる。そして、9月に350人規模で稲刈りが行われる。下旬にははざ干しし、10月上旬に脱穀と精米を行い、米作りは終了する。

どの作業にもボランティアでの参加は可能。しかし、多くの団体や家族連れなどは、田植えと稲刈りに集中する。この2つは農作業のビッグイベント。作業の後には、おにぎりや鍋のふるまいもある。地元の人たちや他のボランティアとのふれあいも、また貴重な体験なのだ。

狭い田での作業はなかなかむずかしい。

ボランティアの手で、次々と束になる稲。作業が終われば、おいしいおにぎりや温かい鍋のふるまいが待っている。

行政と市民が一体となって千枚田を守り継ぐ

輪島市の職員による千枚田のボランティア活動が始まったのは、平成2年のことだった。2年後には市の商工観光課がボランティア活動の参加を呼びかけ、市や県のさまざまな団体が集まった。家族連れなどの個人参加もかなりの数に上り、県外からの参加者も増えている。

白米千枚田のボランティア活動は、農家の高齢化によって耕作が放棄され、名勝地である千枚田が荒廃することを防ぐことが目的だ。

急勾配に連なる小さな田んぼでの作業は、骨が折れる。

「狭い田んぼではトラクターやコンバインは使えないので、今でもほとんどすべてが手作業です。雨が降ったら、何百枚もの田を一枚一枚見て回り、水の管理をしなくてはならない。平坦地での農作業より数倍の重労働なんですよ」

と白米地区の老人が言う。それを高齢者が担うのはむずかしい。今では、わずかに10戸の農家が細々と守っているのが現状でもある。

千枚田を守る取り組みは、昭和40年代から始まった。最初に地元白米地区が動き出し、次いで輪島市が千枚田の保存に乗り出した。平成11年には千枚田景勝保存実行委員会が誕生。稲作のボランティア活動のほか、千枚田結婚式といったイベントも実施している。平成13年に行われた全国棚田サミットも、盛会のうちに幕を閉じた。

先祖から引き継いだ千枚田を次の時代へ残すためには、地元だけの力では足りない。県内外からの積極的な支援が毎年、秋の豊かな実りを実現しているのである。

千枚田の稲刈りの前に行なわれる結婚式。最初の共同作業は、ケーキカットではなく、稲刈り。

(上)3月から4月にかけて行われるいさざ漁。いさざとは白魚のこと。河口に四ツ手網を仕掛けて、白魚がその上を通ったら網を引き上げる。根気と忍耐力のいる漁だ。

(右)輪島名物の「朝市」。石川県内一の魚種を誇るだけあって、並ぶ魚介類もバラエティに富んでいる。

素朴な民芸品も、朝市の定番商品。旅の思い出にと買い求める観光客が多い。

(右)輪島の朝市は平成13年に「かおり風景百選」に選ばれた。
(上)住吉神社の境内で開かれる夕市。
(左上)舳倉島や七ツ島周辺の海で獲れた魚介類も朝市に並ぶ。
(左下)市を守り、幸せを与えてくれる神様「市姫様」を祀った市姫神社。

安くていい品物とともに、気さくな市女たちとの会話も楽しい旅の思い出だ。

朝市は平安時代からつづく「地産地消」の日常舞台

　輪島の水田農業は、「地産地消」への取り組みを始めた。「地産」の象徴は千枚田、「地消」の中心は朝市である。

　朝市は観光名所として有名だが、平安時代から今に続く貴重な庶民の台所だ。

　もともとは神社の祭礼日などに生産物を持ち寄って交換しあったものが、室町時代から定期的に行われるようになった。明治末期になると「朝市」が毎日たつようになり、昭和35年からは「夕市」も開かれた。

　輪島の朝市は、本町商店街の店舗の前にずらりと並ぶ。その距離は約360m。午前8時から正午までは歩行者天国だ。

　売り手はほとんどが中高年女性で、彼女たちは「市女《いちめ》」と呼ばれる。彼女たちが商うのは自分の家で採れた農作物や、その朝獲ってきた魚介類、手作りの漬物や加工品。どれも新鮮で、しかも安い。市女の前に並ぶ商品のほとんどは値札がついていない。売り手と買い手の会話の中で値段が決まるのも、朝市ならではの醍醐味なのだ。また、主婦たちは「調理の仕方や食べ方、作物の特徴などを市女から教えてもらえるのも楽しいし、勉強になりますよ」と言う。

　一方、夕市は鳳至町の住吉神社境内で、毎日午後3時過ぎから日没ごろまで開かれる。朝市よりは小規模だが、こちらも夕食のおかずを買いに来る主婦でにぎわう。ここでも、あわただしい買い物の中、主婦たちは食に関する情報収集を怠らない。

　朝夕の市では当たり前のように「地産地消」が実践されてきた。その力まない伝統こそが、これからの「地産地消」の成功のカギのようである。

輪島市
●交通／のと鉄道七尾線穴水駅下車、バスなどを利用。車では、国道249号線または県道1号線を利用。 **白米千枚田**●交通／輪島駅前バス停から奥能登観光バス「宇出津行き」で「白米」バス停下車。車では輪島から国道249号線●問い合わせ先／輪島市観光課TEL：0768-23-1146　**輪島朝市**●開催時間／7:00～12:00、毎月10日、25日休（ただし日曜・祝日の場合は開催）●問い合わせ先／輪島市本町商店街振興組合TEL：0768-22-8446

写真協力：輪島市役所産業経済部観光課

沖合いに点々とまたたくいさり火は、越前町らしい幻想的な風景。(撮影:奥田修一)

越前町◎福井県

イカ釣り体験のできる里海

越前町の名物は、絶景と冬のカニ、そして夏のイカ

福井県の越前《えちぜん》町というと、何を思いうかべるだろうか。風景でいえば、越前海岸、その日本海に沈む雄大な夕日、奇岩の多い越前岬あたり。水仙の里としても知られている。味覚でいえば、冬の越前ガニだろうか。新鮮な海の幸も知られている。そして、春から夏、秋にかけてはイカも揚がる。イカは、越前ガニの後ろに隠れて、あまり目立たないようだが、越前町の人た

（上）イカ釣り漁船は、たくさんの電灯をぶら下げている。夜に出港し、漁場に着くとこの電灯をこうこうと灯して、イカをおびき寄せる。この光がいさり火の正体である。
（下）越前海岸一帯には、このような漁村の光景が点在する。山が迫り、海辺ぎりぎりに建てられた家々。船と家、海と人が一緒に暮らす、里海の光景である。

ちは、「越前のイカは美味しい」と語る。イカ釣り舟のいさり火が沖合いに点々とともる光景は、越前町を代表する風景でもあると――。

そんなイカ釣りを体験できる催しが、越前町で行われている。

越前町へは、JR北陸本線で武生《たけふ》駅か鯖江《さばえ》駅まで行き、その

(上)越前町の中心街に近い黒崎トンネル脇の漁港は、入り江になっていて多くの漁船が停泊している。小高い丘には祠が。海に生活する人たちの光景を体感でき、その風景は見飽きることがない。
(右下)イカ釣り体験は夜間。夕方6時頃から深夜12時ごろまでつづく。　(左下)イカ釣りは、釣り糸を巻き上げながらイカを上げていく。

(右上／右下) イカ釣り体験は、今回も豊漁。プロの漁師さんのアドバイスで、年齢を問わず誰でも楽しめる。
(左上) イカ釣り体験に協力する漁師さんの一人、山下実雄さん。息子さんたちと３隻の漁船を操り、ピーク時には、本業の近海漁業と合わせて1日3回出港するフル稼働だ。
(左下) イカだけでなく、いろいろな種類の魚も釣れる。

先は車やバスで越前町に入る。車ならば、北陸自動車道の武生IC《インターチェンジ》もしくは鯖江ICから山越えするか、武生ICや敦賀《つるが》ICで降りて国道8号線から国道305号線を経由し、海岸沿いに向かうことになる。風景を楽しみながら向かうならば、やはり海沿いの道がいい。途中にも、漁港を中心とした集落が点在し、それぞれ味のある風景を醸し出している。

越前町は、崖が海岸の近くまでせり出し、その間にはさまれるように家が建っているという、典型的な海べりの里である。小さなトンネルの先に漁港が開け、そこに多くの漁船が停泊している。そこから旅館や干物やゆでた越前ガニを店頭に並べて商う商店が並ぶあたりが中心街で、そこを抜けて5分ほど走ると、民家が点在する海辺の風景へと戻っていく。

いさり火の灯る越前町の沖合いへ

今、越前町でイカ釣り体験に協力しているのは、10名ほどの漁師さんだという。その一人、山下実雄《やましたじつお》さんに話を聞いた。山下さんはもともと遠洋漁業に従事していたという。1度、航海に出たらそれこそ数ヵ月は操業する厳しい仕事だったが、本人としては苦にならなかったという。しかし70歳を迎えることですっぱりと気持ちも仕事も切り替え、地元での漁業へと転進したのだとか。

そのとき、越前町から声がかかり、イカ釣り体験に協力して欲しいと要請があったのだという。もともと、海の上での暮らしが長かった山下さん。果たして、お客さん相手の仕事ができるのだろうかと、最初は不安だったというが、実際に始めてみると、お客さんとの会話ややり取りが面白く、いまでは息子さんたちと3隻《せき》の漁船をフル稼働させ、本業の近海漁業とイカ釣り体験をこなしている。ピークのときには、イカ釣りは夜釣りで、そのあと深夜から早朝にかけての漁、そして朝から昼ごろまでの漁と、ほとんど1日中船に乗っているとか。いつ寝るんですかと尋ねたら、「海の上。船を操りながら立って寝る（笑）」という答えが返ってきた。

イカ釣り体験は、5月から9月まで楽しむことができる。5月から7月ごろにかけてはスルメイカがとれ、7月ごろから9月ごろにはマイカがとれる。イカ釣りは、いさり火が点々と灯ることでもわかるように、夜の漁である。出港は夕方の5時か

(右上)海岸沿いには、イカや干物、そして冬には浜茹での越前ガニを商う店も多い。
(右下)越前海岸の北部、梅浦漁港あたりの風景。山が家のすぐ裏まで迫り、家が密集している昔ながらの漁村の原風景がある。
(上)越前岬あたり。波が荒く、雄大な景色だが、そこに暮らす人には自然との闘いの象徴でもある。

6時ごろ。イカ釣り体験をしている時間は、それぞれの要望次第だが、長ければ夜の12時ごろまでと6時間も楽しむことができる。

漁場は越前町白浜沖、船で5分ほど行ったところなのだとか。10分も行けば行き過ぎだそうで、水深30〜65mあたりがいいらしい。今では漁業の技術が進んでいるので、魚群探知機の映像で漁場を探し当てる。漁場についたら、電灯をたいて海面を明るくし、擬似えさでイカを釣り上げる。この電灯の明かりがいさり火の正体で、その灯は浜辺から沖合いを見ると波間に点々とまたたき、一種、幻想的な風景となる。

夏、涼みがてらの夜釣りでイカ釣り体験

乗船する人数は1隻あたり大体10名から12名ほどだという。家族連れの2、3家族で1隻をチャーターすることもできる。プロの漁師さんがついてくれて、道具も貸してくれるうえに、釣り糸の巻き方なども教えてくれるので、初めての人でもかなり手軽にイカ釣り体験を楽しむことができる。

「イカ釣りは、夏がいいです

(上)越前岬の上に立つ越前燈台。急坂を登っていくと、眼下には日本海が大きく広がっている。その海に沈む夕日は、越前海岸の絶景の一つ。
(左上)越前町から隣りの越廼村にかけては、水仙の地として知られている。海辺に建つ「水仙ドーム」には、常時3000本の水仙が植えられ、甘い香りを放っている。
(左下)越前の水仙には、一人の美しい娘を巡る二人の兄弟の悲恋物語がある。その娘の化身が水仙になったとか。「水仙ドーム」の前には、その伝承にちなんだ碑が立っていた。

ね。夜釣りだから、涼みがてらで楽しめますからね。結構大物を釣り上げる人もいて、マイカだったら体長25～30㎝もあるものを釣った人もいますよ。週末や、夏休みは家族連れの方も多いし、小学生も多いかな。学校の先生も、体験学習の意味もあるのかな、年に1回見える方もいますね。

福井県内の人だけでなく、京都や滋賀、岐阜や名古屋の人も多いですね。今は高速道路がつながっているので、越前町は意外と近いんですよ。常連の方も多くなってきました。

イカ釣り体験だけでなく、真鯛やハマチ、サワラ、アジなどの釣りを楽しむこともできますよ。その場合は、片側がイカ釣り体験、もう一方が普通の釣りというように分けることもできますから。このごろは、サオの使い方は都会の人のほうがうまいくらいかな(笑)。真鯛は90㎝級、ハマチも40～50㎝クラスが釣れます。

それとね、ぜひ越前町は、山の上からも楽しんでください。夏の夜はいさり火が本当にきれいだし、秋は紅葉もきれいなんですよ」

（左）現代の越前焼を代表する大壺。　（右）平安時代末期の古越前焼「三筋壺」。

（右上）越前陶芸村の中にある福井県陶芸館の陶芸教室では、誰でも越前焼を体験できる。
（右下）登り窯を使った、本格的な体験講座もある。
（左上）越前陶芸村内の「越前陶芸公園」。自然いっぱいの広大な公園内には、岡本太郎やイサム・ノグチの作品も点在する。
（左下）越前陶芸村文化交流会館。越前焼ギャラリーもある。

登り窯。かつて窯元が苦心して完成させた窯を、瀬戸の加藤唐九郎氏の指導により再現したものだという。

陶芸の里で越前焼を体験する

越前町には、イカ釣り以外にも体験できるところがある。それは、越前陶芸村を中心とした、焼き物の里での陶芸体験である。越前海岸から山間部に入った小《こ》曽原《そはら》という場所にある越前陶芸村には、福井県陶芸館や文化交流会館、陶芸公園、登り窯などがあり、周囲にも40以上の窯元が点在している。

越前焼は、瀬戸や常滑《とこなめ》などと並ぶ日本六大古窯の一つに数えられ、その歴史は古い。平安時代末期から焼かれていたといわれ、今までに約200基の古窯が発見されている。これらの大規模な古窯では、瓶《かめ》や壺《つぼ》、すり鉢、舟徳利などの日用品が作られていた。古越前焼では、釉薬《うわぐすり》は用いられていないが、燃料に使われた木の灰が溶けて焼き物の表面に緑色の美しい模様を作り出しているのが特徴とされている。

その代表的なものとしては、小曽原の上長佐古窯跡から発掘された古越前「三筋壺」がある。これは最も古い越前焼の一つで、平安時代末期といわれる。

陶芸村の中にある福井県陶芸館や文化交流会館では、昔から現代にいたる越前焼の作品を見ることもできる。陶芸館のもう一つの楽しみは、陶芸教室。長い歴史に培われてきた越前焼を、自分の手で作ることができる。土をこね、形を作り、焼くところまで、わからないことはスタッフが指導してくれるので、アイデア次第でいろいろな形を作り、オリジナル作品をお土産にすることもできる。

このように越前町は、海の里ならではの体験と、山の里ならではの体験が両方楽しめる里山である。

写真協力：越前町観光協会、越前陶芸村文化交流会館

越前町

●交通／JR北陸本線武生駅、鯖江駅で下車し、車またはバスで。車では武生ICから国道365号線、鯖江ICから国道417号線、敦賀ICから国道8号線・河野海岸有料道路・国道305号線。 **イカ釣り体験**●5月～9月（事前にご確認ください）●料金／1隻チャーター4万円～6万円（10名前後）●問い合わせ先／越前町観光協会TEL:0778-37-1234 **陶芸体験**●受付時間／9:00～13:00（要予約）●休館日／月曜●料金／粘土1kg1000円～●問い合わせ先／福井県陶芸館TEL:0778-32-2174 登り窯体験●6月～11月（要予約、参加人数100人限定、連続講座のため5月末募集〆切り）●料金／10000円●問い合わせ先／越前焼振興室TEL:0778-32-3200

道遊の割戸。佐渡金山の始まったところ。以来、ここは露天掘りで採掘された。

佐渡市◎新潟県

砂金採り体験ができる里山

かつての金山文化を今に伝える2つの施設

佐渡ヶ島の観光に欠かせないのが、砂金採り体験や金鉱の坑道探検だ。

砂金採り体験ができるのは、真野湾を望む西三川《にしみかわ》にある佐渡西三川ゴールドパーク。坑道探検は日本海に面した相川町にあるゴールデン佐渡だ。

西三川には砂金山がいくつもあり、ここで砂金を採ったという逸話は「今昔物語集」にも載っている。今から１０００年近くも前のことだ。西三川砂金山の最盛期は、豊臣・徳川の時代。明治時代になって西三川砂金山は閉山となるが、ここにはまだ、豊富な砂金があるといわれている。

一方、相川町の佐渡金山は慶長６年（１６０１）に発見された。慶長８年（１６０３）に江戸幕府ができると、佐渡奉行が設置され、以後、産出された金は小判の原料として徳川幕府の財政を支えたのである。

この金山で注目すべきは、世界の先端技術が集まっていたということだ。鉱石粉砕用の西洋型水車や、水揚げのためのアルキメデスポンプ、スポイトの原理を応用した樋などが使われていた。

佐渡金山の鉱脈は、東西約３km、南北約６００m。深さは８００mで、坑道の総延長は約４００km。これは相川から東京までの長さに匹敵する。

佐渡金山は、江戸時代から平成元年3月まで操業。この段階で鉱量が枯渇したため、採掘が中止された。３８８年間で採掘した金の量は78tにおよぶ。

佐渡金山の坑道跡は現在、総延長約３００mの見学コースになっている。中では、コンピュータ制御の電動人形が当時の鉱夫たちの様子を忠実に再現している。

(右上)西三川ゴールドパークでの砂金採り体験。初級、中級、上級とあり、初級は施設内、中級は人口河川、上級は自然河川で砂金を採る。
(左上)佐渡金山の南沢疎水抗。元禄時代にのみと槌だけで５年をかけて掘りぬいた排水溝。300年を経た今も役立っている。
(下左右)佐渡金山では、かつての作業の様子を再現。その１コマ１コマを見ているうちに、江戸時代の金山にいるような気分になる。

(右上)佐渡市内には30以上の能舞台があり、毎年、6月の薪能を中心に20数回も能が演じられている。

(右中)文弥人形は市の貴重な伝統芸能の一つとして、学校教育にも取り入れられている。

(右下)佐渡の特産品の一つ寒ブリは、海が荒れたほうがよく獲れる。成長するごとに名を変える出世魚ということで、佐渡の家庭では、縁起をかついでお正月に食べられる。

(左上)無名異焼の陶土は微粒子で、成形から乾燥の間で約30%も収縮する。これは通常の焼き物の2～3倍の収縮率で、これによって堅い製品に仕上がる。

(左下)佐渡名物の「たらい舟」体験。今でもサザエ漁やワカメ漁に使われている。

佐渡遠景。東京23区の1.5倍の広さをもつ佐渡島。新潟だが、対馬海流の影響で夏涼しく、冬温かい気候だ。冬は雪がほとんど積もらない。

金山の隆盛が作り上げた数々の伝統文化

金山で隆盛を極めた相川町には、独特の文化が生まれた。その中で、今に伝わるものがいくつかある。

たとえば、能。初代佐渡奉行であった大久保長安《ながやす》が大和から能師を招き、春日神社に神事能を奉納した。能師はその後もこの地に留まり能を広め、やがて佐渡中の村に能舞台が造られるまでになる。

文弥《ぶんや》人形も鉱山の生んだ文化だ。江戸時代に上方ではやっていたものが佐渡に伝わり、三味線の弾き語りとして語り継がれた。明治に入って人形芝居の基礎ができ、今に伝わる。昭和52年には、国の重要無形民族文化財に指定された。

このほか、金山の繁栄と安全を祈って始められた相川の「金山祭り」は、今では佐渡の三大祭りの一つに数えられている。この祭りでも唄われる「佐渡おけさ」は九州から入り、鉱山で鉱石を選り分ける際に独特の節で唄われたものが、現在にいたっているといわれている。

工芸品では無名異《むみょうい》焼が鉱山文化から生まれた。無名異とは、佐渡金山から出る酸化鉄を含む鉱物をいい、それを陶土に用いて作ったのが無名異焼だ。ひじょうに堅く、叩くと澄んだ金属音を発するのが特徴。使うほどに光沢が増すのも魅力だ。また、無名異は薬効に優れているといわれ、中風や胃腸病、やけど、止血剤などの効果があったという。

鉱山で使う石臼を造った小泊村や椿尾村の石工《いしきり》たちが作った石地蔵や五百羅漢は北陸各地に送られていった。

今は金山の産業はなくなってしまったが、その面影は色濃く佐渡の島の中に残っている。

佐渡市

ゴールデン佐渡●交通／両津港から佐渡路線バスで相川経由佐渡金山前バス停下車●営業時間／8:00～17:00（11月～3月8:30～16:30）年中無休●料金／大人700円、中・高校生600円、小学生400円●問い合わせ先／TEL：0259-74-2389 **佐渡西三川ゴールドパーク**●交通／直江津港からカーフェリーで小木港下船、佐渡路線バスで西三川バス停下車。新潟港からカーフェリーで両津港下船、佐渡路線バスで西三川バス停下車。寺泊港からカーフェリーで赤泊港、車利用●営業時間／8:00～17:30●料金／大人600円、小学生500円●問い合わせ先／TEL：0259-58-2021（代）

写真協力：佐渡市役所観光商工課、佐渡西三川ゴールドパーク、（株）ゴールデン佐渡

神崎川の清流が、美山という里山にさまざまな恵みをもたらす。澄み切った水、渓谷美、渓流魚、そしてホタルの生息。美山は、まさに清流の里。

山県市美山◎岐阜県

ホタルに出合い、清流に遊ぶ里山

夏、無数のホタルが乱舞する幻想の夜

岐阜も、国道４１８号線を関《せき》市から山県《やまがた》市に向かうと、とたんに自然の気配が濃くなってくる。さらに、山県市の奥の美山《みやま》へ。次第にカーブのきつくなってくる道を走ると、町役場（山

(右上) 神崎川に沿って、県道200号線が上流へと向かう。美山峡と呼ばれるエリアには、自然に抱かれた集落がときどき顔を見せる。
(右下) 6月下旬から7月初旬、百瀬地区の庚申洞谷では、無数の源氏ホタルが幻想的な乱舞を見せる。
(左上) 瀬見峡の急流が、岩を食むように白いうずとなって流れていく。その景観美は四季折々に美しい。
(左下) 岐阜県名産の美山杉などを扱う製材所が点在する。美山は林業の里でもある。

県市役所美山支所）が見え、道路が二股に分かれる。そこを左に行くか、右に行くかで、美山の楽しみが分かれてくる。

まず、左への道をたどってみよう。川に架かる鉄橋を抜け、300mほど行ったあたりの左手に庚申寺《こうしんじ》がある。その古刹《こさつ》の手前の、製材所の駐車場。そこは、美山の夏の風物詩として知られる、ホタルに出合う入口である。

「ここにいろいろな夜店が出て、にぎやかだよ。ホタルを見に行くには庚申寺の先の道を入って行けばいい」

と、製材所で仕事をしていた人が教えてくれた。

美山の夏は、ホタルの里山として名高い。ここ百瀬《ももせ》のホタル祭りが行われるのは、例年6月下旬から7月初旬。

庚申寺の先の道を、杉木立に中に入っていく。庚申洞谷《こうしんぼらたに》と呼ばれるこのあたりは、うっそうとした木立の中、街灯ひとつない闇の世界である。その中を、無数のホタルが飛び交う。ピークは、午後8時から9時ごろだとか。そのあと午後10時ごろにもまた、再びのピークがあるという。その幻想的な光の乱舞は、幽玄の世界に人を誘い、時を忘れ、遠近感すら失ってしまうかのようなひとときを体験するこ

(上)美山は、全国屈指のアユやアマゴの釣場として知られる。アマゴは神崎川や円原川、アユは神崎川が合流する武儀川にポイントが多い。
(左)神崎川に沿って進んだ、ちょうど中間あたり。周辺には宿泊施設のロッジやキャンプ場、製材所などがある。このあたりの川の流れはゆるやかで、大きく蛇行している。さらに先へ進むと奥深い自然に囲まれた美山峡となる。神崎川の流れは急になり、渓流の様相を呈している。アマゴなどの宝庫である。

(右)道の端ぎりぎりに建つ美山峡の民家は板塀造りで、昔ながらの風情を色濃く残している。
(上)清流と大小の奇岩が作り出す、瀬見峡の光景。この景観が美山の町並や暮らしの場から指呼の距離にあるというのは、渓流美を訪ねていく人にとっては何ともうらやましい里山である。
(左)川の中に仕掛けを作り、飛び込んできた魚を手づかみで捕まえる、簗。大人も子どもも夢中になってしまう。

すっくと一直線に伸びる杉木立も、美山の象徴的な風景の一つ。渓谷沿いに続くその光景は、人と山の共生の証でもある。

とができる。

ホタルが生息すること。それは水が清らかな里であることを意味する。美山は、清流として知られる神崎《かんざき》川とともにある里である。

清流の里、杉の里、アユやアマゴの里

その神崎川沿いを上流へ向かう道が、町役場の前の二股を右へとたどる道である。すぐに瀬《せ》見《み》峡と呼ばれる小さな峡谷がある。さらにその先へ。次第に、杉の木立が幾重にも重なるような風景に出合う。道は、くねくねと続き、次第に細くなり、やがて対向車とすれ違うのがむずかしいほどの幅に。もうこの先には、人家がないのかと心細くなっていくが、その先にも点々と集落が点在する。それだけ、自然の中に抱かれた里山なのであろう。周囲には、岐阜県名産の美山杉がすっと立ち、製材所も点在する。明らかに空気が違う。清冽《せいれつ》な冷気である。その道の眼下に流れる清流、それが神崎川である。神崎川は長良川の源流といわれる。また支流の円原川は、日本一の伏流水としても知られ、清流の里にふさわしい。神崎川は、まさに渓流魚の宝庫である。アユ、イワナ、ヤマメ、アマゴ。釣り人を魅了してやまない。その清流では釣りだけでなく、さまざまな自然を楽しむこともできる。川の途中では7月にいかだ下りを体験することができる。また、下流には簗《やな》があり、魚を手づかみでつかむ子どもたちの歓声や笑顔で満ちている。

美山は、ホタルの飛び交う幻想風景に酔い、川の自然を存分に楽しみ、美山杉の木立の中で森林の冷気を深呼吸できる里山なのである。

山県市美山
●交通／JR東海道本線岐阜駅で下車し、バスなどを利用。車では東海北陸自動車道美濃ICから国道418号線へ。●百瀬ホタル祭り／期間：6月下旬～7月上旬●釣りの解禁日／アマゴ：2月中旬、アユ：6月中旬。 **山県市役所産業振興課**●問い合わせ先／TEL:0581-22-6830

写真協力：山県市役所産業振興課

川根本町に広がる茶畑。山間部の地形や気候条件が銘茶「川根茶」を生み出した。

川根本町◎静岡県

風薫る季節、茶摘みを体験できる里山

山間の茶畑から銘茶は生まれる

大井川鐵道が、大井川沿いに山へ向かう。車窓には、ゆるやかな山の斜面に茶畑が広がっている。初夏から盛夏にかけて、緑の畝がつづく風景は、それだけで一服の清涼剤のような雰囲気。ここ川根本町《かわねほんちょう》は、日本三大

(上)毎年7月初旬に行われる茶摘み体験。川根本町の北部、接岨峡地内の茶園で行われる。1泊2日の体験ツアーで、宿泊は接岨峡温泉というゆったりとした行程のため人気が高い。
(下)体験ツアーでは、茶摘み体験のほか、茶染め体験、茶料理、製茶工場見学、SL列車とあぷとライン体験乗車など、盛りだくさんのメニューが用意されている。

銘茶「川根茶」の産地として知られている。

川根本町に茶作りが伝えられたのは、13世紀ごろだったとか。江戸時代になると主要な産物となり、江戸だけでなく日本各地へ輸送・販売された。とくに幕末、横浜港の開港にともなって、重要な輸出品として大きく発展してきた歴史をもつ。

なぜ、川根本町がお茶の里となってきたのだろうか。それは、この土地を取り巻く環境によるところが大きい。南アルプスの麓を源とする大井川。その清流に沿った山間斜面という地形。それがお茶の栽培に適したものなのだという。

「山間部は、平野部に比べて日照条件が短いため、お茶の渋みが抑えられるんです。また、大井川の川霧や山霧が自然の覆いとなってお茶の新芽を包み守ります。昼夜の温度差が大きいため、夜間も茶葉の中に旨みとなる養分が残りやすいことも挙げられます」

と、地元で茶栽培に携わる人は語る。

その川根茶の茶摘みを体験することができる。大体7月初旬に行われる茶摘み体験は、町の北部にある接岨峡《せっそきょう》の茶園が会場。茶摘み体験や茶染め体験、関の沢渓谷散策、接岨峡温泉宿

(上)山間の斜面にできた茶畑で、茶摘み体験。淡い緑色の若芽を摘んでいく。中腰になりながらの作業で、少しつらい姿勢はいたしかたないが、さわやかな風を感じながらのひとときは快い疲労感と満足感に包まれることだろう。山間に育つお茶は日照時間が短いため渋味が抑えられ、旨みが増すといわれる。
(左)大井川の流水調整などの目的をもつ長島ダムによって生まれた接岨湖。南アルプスから流れてきた清らかな水はここで湖をつくり、川根本町などの地を潤しながら屈指の大河となって太平洋へと注ぐ。

(右)大きく蛇行した大井川の渓谷、その接岨湖の上に架けられた鉄橋「レインボーブリッジ」とその中間にある奥大井湖上駅。ダムが満水のときは湖上にぽっかりと浮かぶようになり、秘境といわれた奥大井の新しい景観となっている。
(上)川根本町に伝わる「梅津神楽」は500年の歴史をもつ。神話の岩戸神楽を模したものだといわれ、毎年1月第3土曜日に、古式豊かな舞が奉納される。

金谷駅～千頭駅の間、約40kmを走る大井川鐵道のC11のSL列車。黒煙を上げ、汽笛の響もノスタルジックに、客車を力強く引っ張る。

泊なども組み込まれ、1泊2日でゆっくりと自然の息吹を楽しむことができる。

SLとアプト式列車、そして清流と吊り橋

川根本町は、清流と山々に囲まれた里山でもある。その川に沿って走るのは、懐かしいSL列車の走る大井川鐵道（金谷～千頭《せんず》間）。そして、千頭駅から井川駅までの間の「南アルプスあぷとライン」という、日本で唯一のアプト式列車である。アプト式とは、急勾配を上り下りするためにレールに歯車を組み合わせたもので、スイスなどの山岳地帯で見られる方式でもある。

その2つの鉄道が走る沿線には、渓谷やダムには数々の鉄橋がかかり、それぞれ美しい風景を見せている。ダム湖の上に架けられたレインボーブリッジと奥大井湖上《おくおおいこじょう》駅から見る湖に浮かぶ景観、民間鉄橋の中では日本一の高さを誇る高さ約100mの「関の沢鉄橋」から見る大きく切り立った渓谷など、大井川上流の秘境の魅力が連続する。

川根本町には、吊り橋も多い。長さ220mという大井川に架かる一番長い吊り橋「塩郷《しおごう》の吊橋」。青部《あおべ》地区と崎平《さきだいら》地区を結ぶ生活道路「青部の吊橋」。千頭から奥泉へ向かう途中の「小山《こやま》の吊橋」。接岨峡から南アルプスを一望できる「南アルプス接岨大吊橋」。千頭駅近辺にも、「小長井の吊橋」と「両国吊橋」が架かる。

吊り橋の一つひとつは、山里に住む人たちの暮らしのために架けられたもの。日常生活に欠かせない「道」である。その「道」の前には、山里に恵みをもたらす清流や深い緑の森、山里を見守る南アルプスの雄大な景観が広がっている。

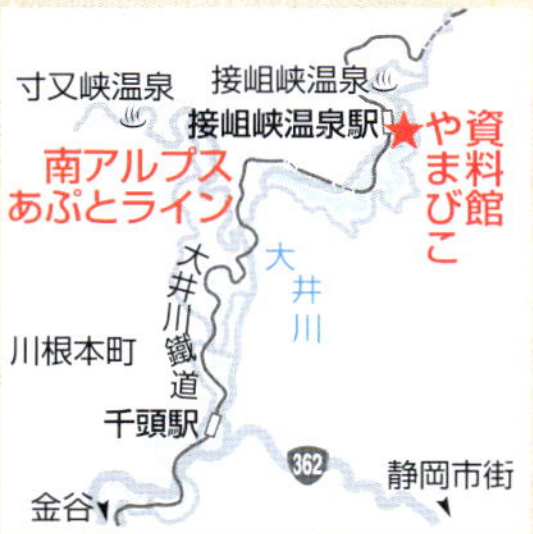

川根本町
●交通／JR東海道本線金谷駅から大井川鐵道で千頭駅下車。車では、東名高速道路相良・牧之原ICから国道473号線、または静岡ICから国道362号線。**茶摘み体験**●期日／7月初旬（1泊2日）●料金／15000円（小学生以下8500円）●募集人員／25名程度●申込方法／実施日の5日前までにFAXかハガキ、申込フォームで●問い合わせ先／川根本町まちづくり観光協会TEL:0547-59-2746

写真協力：川根本町企画観光課

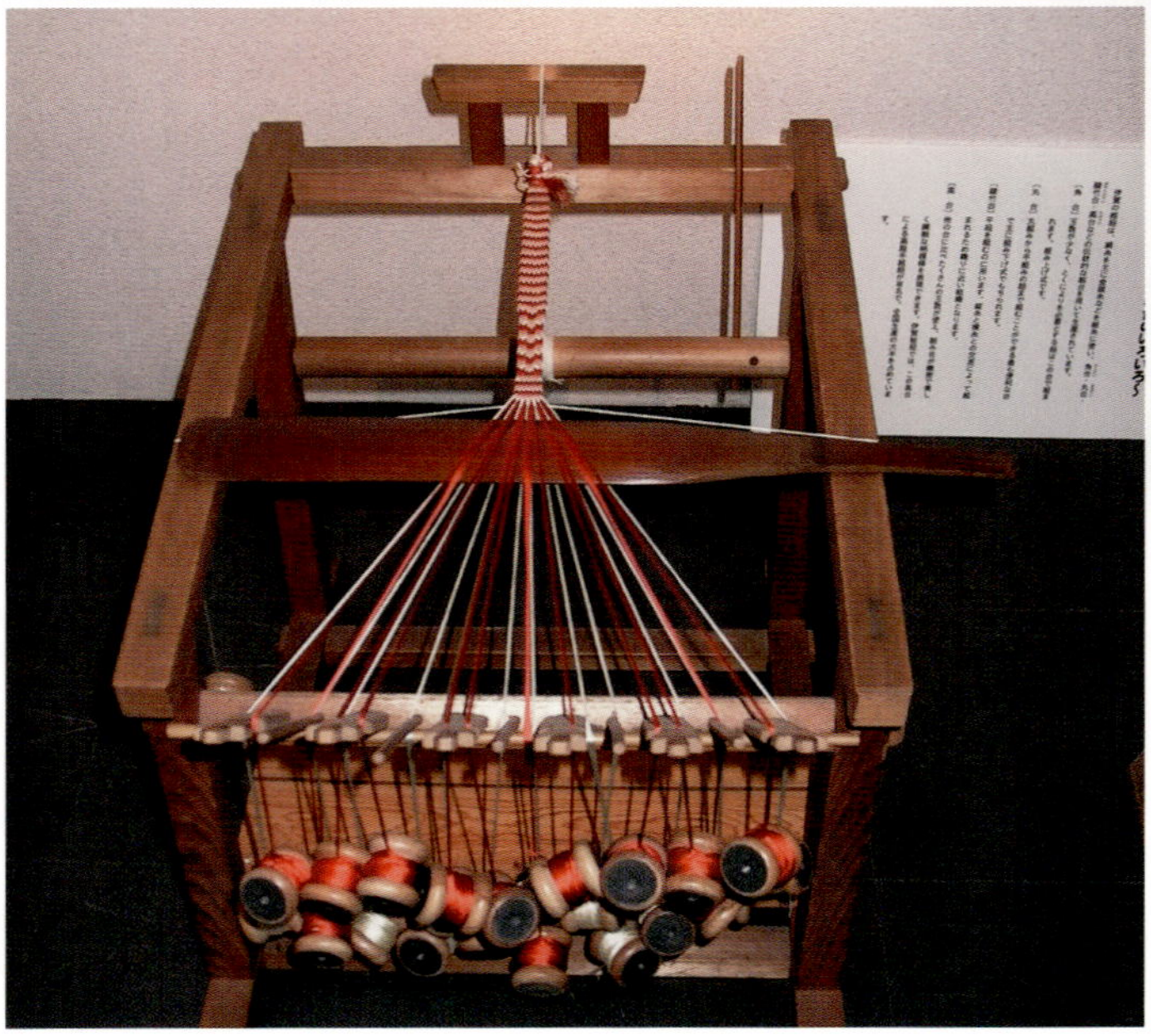

(上) 組紐体験で作る作品。上がキーホルダー、下がブレスレット。
(左上) 伝統の「伊賀くみひも」を体験する子どもたち。
(左下) 組紐には丸組、角組、平組がある。綾竹台はおもに平組を組むのに使われる。

伊賀市◎三重県

組紐作りを体験できる里山

伊賀の地の歴史と文化が育んだ組紐の技を知る

四方を山で囲まれた伊賀市は、忍者の里として知られている。だが、「伊賀くみひも」の産地としても名高い。

組紐というと、帯締めや羽織の紐といった和装小物を思い浮かべる人が多いだろう。だが、古代からさまざまなものに使われている。

たとえば、奈良時代には経典や袈裟《けさ》に、平安時代には宮廷貴族の束帯《そくたい》に。鎌倉以降は使用範囲が広がり、茶道具や武具、刀剣、印籠、たばこ入れなどの紐として使われた。

伊賀で組紐が作られるようになったのは、4～5世紀と考えられている。その後、南北朝時代には伊賀で発祥した観世能《かんぜのう》の観阿弥《かんあみ》の衣装や面に用いられ、戦国末期には伊賀忍者が下げ緒の紐として使った。さらに江戸時代には、伊賀を治めていた藤堂藩の武士たちの甲冑《かっちゅう》に使われる組紐が盛んに作られた。

伊賀で組紐作りが発展したのには、こうした歴史背景があったことに加え、次のような生活文化的な理由も挙げられる。つまり、材料となる絹糸を作るための養蚕《ようさん》が盛んであったこと。和装商品の本場である京都に近かったこと。また娘のしつけをするために、正座をして作業をする組紐を取り入れたことも、この地に作り手を多く生んだ一因といえる。

こうして、17世紀近くにわたって伝えつづけられた「伊賀くみひも」の技を、「組《く》匠《み》の里」で体験することができる。色とりどりの絹糸や金糸が自分の手によって鮮やかな柄に組み上げられていくのは、なんとも心地よい。ひととき、伊賀の歴史に紛れ込み、時代をそれぞれに彩った「伊賀くみひも」のすばらしさを体感しよう。

「伊賀くみひも」と松尾芭蕉を育んだ伊賀市。上野城を中心とした城下町の姿が今も残る。

(右)芭蕉翁誕生300年を記念して建てられた俳聖殿に安置されている「芭蕉翁瞑想像」。伊賀焼で作られている。
(左)周囲を山に囲まれた伊賀の町。江戸時代には藤堂家の城下町として、また伊勢神宮への参宮者の宿場町として栄えた。
(下)蓑虫庵。芭蕉の門弟だった服部土芳の草庵で、庵開きの際に、芭蕉が祝いとして贈った句「みの虫の　音を聞きによ　草の庵」にちなんで名づけられた。

格子構えの古い姿を残す芭蕉の生家。江戸へ出るまでの29年間を過ごした場所だ。

(右)松尾家の菩提寺である愛染院に建てられた「故郷塚」。芭蕉の高弟たちはもとより、尾崎紅葉や川端康成をはじめとする文人墨客も多く参詣している。
(上)生家の裏手にある「釣月軒」。芭蕉が書斎としていた建物で、最初の句集「貝おほひ」をここで執筆した。
(左)近鉄上野市駅前広場に立つ「芭蕉翁像」。昭和38年の芭蕉翁270回忌に建立された。

芭蕉の時代を偲ばせる寺町のたたずまい。

俳聖・松尾芭蕉のふるさとは今も俳句が盛ん

伊賀市を訪れると、町のあちこちで「投句箱」というものをみかける。これは、俳句を作って入れる箱である。集まった句は年2回に分けて選句され、優秀作品には記念品がプレゼントされる。

この町は俳句が盛んだ。というのも、ここが松尾芭蕉の生誕地だからである。芭蕉は正保元年（1644）に伊賀市で生まれ、以来29歳までここで過ごした。当時、このあたりでは俳諧が盛んで、芭蕉も興味を持ち10代後半から先輩の俳人に手ほどきをうけ俳諧を学びはじめたという。そして、29歳のときに俳諧師として生きて行くことを決意。故郷をあとに江戸へと旅立ったのだ。その後、全国をめぐり、各地に名句を残したのは、ご存知のとおりである。

芭蕉の「俳聖」と呼ばれるほどの感性と才能を育んだのは、まぎれもなく伊賀の里。ここには、多くの句碑が点在し、芭蕉ゆかりの建物が残る。生家や芭蕉ゆかりの草庵が若き日の芭蕉の暮らしを想起させ、菩提寺に芭蕉の門弟が建てた故郷塚も往時を偲ばせる。

芭蕉を愛する伊賀の人々の心は今も変わらず、「芭蕉翁記念館」「俳聖殿《はいせいでん》」「芭蕉翁銅像」なども建てられた。

毎年行われる「芭蕉祭」では、芭蕉翁に献詠する俳句が募集され、大人から子どもまでがこぞって応募する。そして、入選者の献詠俳句は祭当日に披講が行われるほか、インターネットでも紹介される。子どもたちの俳句もなかなか見事だ。

今でも伊賀の里には、俳聖の感性を育てた風土が脈々と受け継がれているのである。

写真協力：伊賀市本庁商工観光政策課

伊賀市

●交通／JR関西本線伊賀上野駅下車。車では、東名阪自動車道、西名阪自動車道から名阪国道。**組匠の里**●開館時間／9:00～17:00、月曜休（祝日の場合は開館）●入館料／無料●問い合わせ先／TEL：0595-23-8038 **芭蕉翁生家**●開館時間／8:30～17:00（入館は16:30まで）、12月29日～1月3日休●入館料／大人300円、子ども100円●問い合わせ先／TEL：0595-24-2711 **伊賀市本庁商工観光政策課**●問い合わせ先／TEL：0595-22-9672

日本の音風景百選②

甲信越・北陸・東海編

平成8年(1996)環境庁選定

自然の音、生物の音、生活の音、
そして人の声。
地域のシンボルとして、
将来に残していきたい
“音の聞こえる環境”、それが「音風景」。
全国から選ばれた音風景は、
音が紡ぐ里山のもうひとつの風景です。

富士山麓・西湖畔の野鳥の森

所在地:山梨県南都留郡富士河口湖町
時期:4月～5月頃

富士の麓、西湖畔の青木ヶ原樹海北部に整備された「野鳥の森公園」。遊歩道や森の散策路を歩けば、そこかしこからヤマガラやコガラ、ホトトギス、ミソサザイなど多くの鳥たちの声が聞こえてくる。ここは美しい富士の姿を間近に見るのに絶好の場所でもある。

善光寺の鐘

所在地:長野県長野市
時期:通年

善光寺は古くから庶民の信仰を集めてきた名刹。その梵鐘は深く遠くまで響き渡り、昔は20km離れた所でも聞こえたという。町の喧噪が激しくなった今も、人びとに時を告げてきた荘厳な音色は昔と変わらない。鐘は朝10時から夕方4時まで1時間ごとに鳴らされる。

塩嶺の小鳥のさえずり

所在地:長野県岡谷市、塩尻市
時期:通年

八ヶ岳中信高原国定公園の一角にある塩嶺の峠の周辺は県の「小鳥の森」に指定されており、四季を通じて多種多様の野鳥が観察できる。とくに初夏はカッコウやキビタキなどの声がにぎやかに聞こえる季節。この時期には野鳥観察のための定期バスが運行されている。

八島湿原の蛙鳴

所在地:長野県諏訪郡下諏訪町、諏訪市
時期:6月～7月

標高1600mの高原にある八島湿原の夏は短い。約400種の高山植物がいっせいに花を咲かせ、100種以上の蝶が飛び交う夏、シュレーゲルアオガエルやヤマアカガエルなどのカエルたちも繁殖期を迎えて、合唱を始める。湿原周囲には散策路が整備されている。

福島潟のヒシクイ

所在地:新潟県新潟市
時期:10月～3月

冬は渡り鳥の季節。県内最大の潟湖で、四季折々に多くの野鳥が見られる福島潟が最もにぎわうのもこの時期で、約220種の野鳥が観察される。とくに天然記念物の渡り鳥オオヒシクイの雄大なV字飛行と大きな鳴き声には見る者聞く者を圧倒する迫力がある。

尾山のヒメハルゼミ

所在地:新潟県糸魚川市
時期:7月中旬～8月上旬

古くから人びとの信仰を受けてきた能生白山神社。「尾山」と呼ばれる裏山の鎮守の森

継ぎの音を出す。「海女の磯笛」と呼ばれる哀調を帯びたその音色は、伊勢志摩の風物詩になっている。

卯建の町の水琴窟

所在地：岐阜県美濃市
時期：通年

古い町並が残る卯建の町の「旧今井家」は江戸時代中期の商家。その奥庭に水琴窟がしつらえられている。２つの瓶が共鳴して聞こえる水音は澄んだ美しい響きをもち、さまざまに変化して自然の曲を奏でる。茶道や日本庭園文化の粋ともいえる繊細で風雅な音色だ。

吉田川の川遊び

所在地：岐阜県郡上市
時期：7月〜8月

郡上八幡は水の町である。町中に用水路が張り巡らされ、水と一体となった生活が営まれている。中央を流れる吉田川は子どもたちの絶好の遊び場。高さ12mもある新橋からジャンプしたり泳いだり。自然の中で子どもたちが思うさま水と戯れる、懐かしく心和む風景だ。

長良川の鵜飼

所在地：岐阜県岐阜市、関市
時期：5月11日〜10月15日

長良川の夏の風物詩、鵜飼。夜の川面にかがり火が…

東山植物園の野鳥

所在地：愛知県名古屋市
時期：通年

東海地方の樹木を集めた「東海の森」や万葉集にある植物を集めた「万葉の森」など、趣向を凝らした東山植物園。池や渓流などもあり、多くの動植物が生息している。とくに野鳥は60種を数え、さまざまなさえずりを聞かせてくれる。静けさを保った貴重な都会のオアシスだ。

伊良湖岬恋路ヶ浜の潮騒

所在地：愛知県田原市
時期：通年

許されぬ恋に落ちた男女が道行きの果てに貝になったという伝説をもつ恋路ヶ浜。島崎藤村の「椰子の実」や三島由紀夫の「潮騒」ゆかりの地でもある。秋や冬には優しく穏やかに、春から夏には荒々しく聞こえる潮騒が、この浜の歴史とロマンに彩りを添えている。

伊勢志摩の海女の磯笛

所在地：三重県鳥羽市、志摩市
時期：4月〜9月

風光明媚な自然景観をもつ伊勢志摩の海は豊かな漁場でもある。この地では古くからアワビやサザエを獲る海女漁が行われてきた。海女は海面に浮上すると口笛に似た息

には豊かな自然の生態系が残っており、能生ヒメハルゼミの発生地となっていることで知られる。3cmほどの小さなセミだが鳴き声は大きく、7月中旬になると山全体で蝉時雨が聞こえる。

遠州灘の海鳴・波小僧

所在地：静岡県　遠州灘
時期：不定

遠州灘とは御前崎から伊良湖岬に至る太平洋沿岸域のこと。その一帯ではとくに天候の変わり目などに独特の高い波音をたてる海鳴りを聞くことができる。その音は、発生する方向によって天気の予測ができるといわれ、地元の人びとには「波小僧」と呼ばれて親しまれている。

大井川鐵道のSL

所在地：静岡県榛原郡川根本町
時期：通年

南アルプス奥大井の麓にある川根本町ではSLが金谷から千頭まで１日数往復している。出発の時の汽笛の音、そしてシュッシュッポッポッというあの排気音。誰もが心弾ませる温かみのある音が奥大井の豊かな自然の中に響く。とくに春から初夏にかけてがおすすめだ。

を残す寺町には70あまりの寺院が軒を並べる。朝と夕方には、そこここから深くゆったりとした鐘の音色が響き渡り、古都金沢の風情ある町並に、いっそうの趣を添えている。

蓑脇の時水

所在地：福井県越前市
時期：通年

大平山の北、木呂谷と呼ばれる谷間には不思議な間欠冷泉がある。水量は季節や天候に関係なくほぼ一定しており、約１時間ごとに水が噴き出す。原理は解明されていないが、この音を地元の人びとは時計がわりに聞いていたことから「時水」の名がついたという。

井波の木彫りの音

所在地：富山県南砺市
時期：通年

富山県の南西部、八乙女山の山麓にある井波町は歴史ある瑞泉寺の門前町。木彫りの町としても名高く、今も多くの彫刻師が伝統の技法を伝えている。工房から聞こえる槌音やノミの音。古い軒並に石畳が映える八日町通りで聞く音は、とくに風情を感じさせる。

本多の森の蝉時雨

所在地：石川県金沢市
時期：7月〜8月

市街化が進む金沢市の中心部にありながら、河岸段丘の崖地にあるため「本多の森」は今も自然がよく保たれ、多くのヒグラシが生息している。北陸の暑い夏の夕暮れには、ヒグラシの「カナカナ…」というもの哀しい蝉時雨が、人びとにつかの間の涼しさを与えてくれる。

寺町寺院群の鐘

所在地：石川県金沢市
時期：通年

金沢は加賀百万石の城下町として栄えた町だ。そのため寺院も多く、古くからの情緒

がり火の火影がゆらめき、巧みに鵜を操る鵜匠たちが手綱をさばきながらかけ声をかける。水音をたててアユを追う鵜。すべてが夏の夜の夢のように幻想的な光景だ。遊覧船からは、すぐそばでその様子を見ることができる。

称名滝

所在地：富山県中新川郡立山町
時期：4月下旬〜11月末

険しい北アルプス連峰の水を集め、350mの落差を一気に流れ落ちる称名滝。雪解け時期にはあふれる水が行き場を失い、称名滝の右手にもう１本ハンノキ滝が現れて同じ滝壺に落ちていく。地に轟く轟音、四季折々に姿を変えるその姿は見る者を圧倒する光景。

エンナカの水音とおわら風の盆

所在地：富山県富山市八尾
時期：水音は通年、風の盆は9月1日〜3日

美しい石畳と歴史をもつ八尾の町。軒下では雪を流すための「エンナカ」と呼ばれる用水路が涼やかな水音をたてる。９月、この静かな町は一転「風の盆」の熱気に包まれる。三味線や胡弓の哀愁を帯びた音色に合わせ、控えめだが情熱的な、見事な踊りが披露される。

近畿・中国

雑木林に囲まれた炭焼き小屋。「季節の変化をいつも肌で感じられるのは幸せ」という。

備長炭作りを体験する里山

田辺市本宮町◎和歌山県

熊野川流域の山奥で備長炭を焼く、Iターンの火遊び師

和歌山県の東端に位置する新《しん》宮《ぐう》市から、熊野川に沿って車で1時間ちょっと。田辺市本宮町《ほんぐうちょう》伏拝《ふしおがみ》の山の中に1軒の炭焼き小屋がある。

2つの大きな窯とそれを覆う屋根。窯も地面も、そこに置かれている椅子もラジカセも何もかもが灰にまみれて真っ白だ。その中で、1人の炭焼き師が黙々と作業をしていた。

「火遊び師」と自ら名乗るのは、中上順司さんだ。38歳の中

(右上)窯のまわりにはさまざまな太さの原木が積み上げられている。
(右下)窯出しには12時間から16時間かかる。早朝3時にスタートだ。
(左上)窯出しは重労働。仕事が終わると1.5kg体重が減っている。夏場は6ℓも水を摂るそうだ。
(左中)窯から出した炭に素灰をかけ、3日間かけて温度を下げる。
(左下)1000度まで高めた炭の熱気があたりに充満する。

上さんは「日の丸製炭」を興して11年間、この地で備長炭を焼いている。それ以前は海南市で塾の先生をしていた。いわゆるIターン組だ。

「移り住む場所を見つけるため、県内の森林組合を訪ね歩きました。当時、龍神村森林組合が、現在の緑の雇用事業のような募集を行っているのを家内が知って、応募したのです」

炭焼きを始めてから、中上さんは自宅で自分の焼いた備長炭を使っている。

「煮炊きに使うと味がぜんぜん違います。また、冬場の暖房も、備長炭を使うと熱がやわらかく、じっくり暖まるんですよ」

実際に使い、紀州備長炭に勝るものはないと確信したそうだ。

彼はより多くの人に備長炭のよさを知ってもらい、使ってもらうため、さまざまな工夫を凝らしている。たとえば、独自の販売ルートの確立、消費者のニーズにあわせた商品構成など。炭焼き体験の受け入れも、備長炭のよさを知ってもらうための一つの方法だ。

「炭焼き体験は修学旅行や、企業研修がほとんど。最初は関心がない人も、作業をしていくうちに興味を示してくれます」

中上さんの思いは着実に届いている。

長男、麻熊君は頼もしいパートナー。小学校が休みのときにはお父さんの手伝いをする。備長炭に関する知識もかなりのものだ。

炭焼きのハイライト「窯出し」が参加者を魅了する

中上さんは1年中炭を焼く。

「以前は、自分で山に入って木を伐り、炭にしていました。今は伊勢から取り寄せています。和歌山県にもいいウバメガシがありましたが、今は非常に少なくなって、手に入りにくいのが現状です」

中上さんが炭焼きを始めたとき、土を掘って窯を自分で造った。今の窯とは異なる、素朴というか原始的な窯だ。焼き方もとくに人から教えてもらわなかったとか。

「原木を酸欠させればいいだけですから、基本的にはむずかしくないんです」と言うが、窯入れや窯出しなど、作業のタイミングには細心の注意を払う。「片時も目を離さないぞ」というほどにこまめに窯を見て回ることが、満足のいく炭を作る秘訣なのだそうだ。

炭焼きのプロセスは簡単にいうと次のようになる。

材料となる原木を窯に入れて、入口で火を焚く。3〜4日して炭化が始まったら焚き付け口を空気穴だけ残してふさぎ、9〜10日で窯出し。窯から出した炭は出来を確認して、素灰《すばい》を

(右上)長さをあわせて、箱に詰めていく。１箱の重さは15kg。大きさと数、重さをあわせていくのもコツがある。
(右下)あたり一面、炭焼きの煙に包まれる。その中で仕事をしながら、「備長炭は高いからこそ、満足してもらえるものを作らなくてはならない」と常に言い聞かせている。
(左)炭焼きで出た灰も貴重な商品。火鉢の灰として需要が高い。

かける。窯出しの３日後くらいから製品化する作業を開始。素灰から取り出した炭の形を整えて、大きさや質などで20種類以上に選別し、箱詰めする。

窯入れから箱詰めまで約２週間。その中でハイライトは窯出しだろう。真っ赤に燃える窯の中から、熱せられてオレンジ色になった炭をエブリという道具でかき出していく。かき出す直前に十分に空気を当てると、炭は１０００度にまで温度を高め、金色に輝く。

体験もできるだけ窯出しのときにあわせると中上さんはいう。参加者は誰もが、窯出しされた炭のエネルギッシュな美しさに溜息をつくそうだ。炭に魅せられる瞬間である。

残念ながら窯出しにあわなくても、がっかりすることはない。箱詰め作業や木を切る作業、炭の切断など炭焼きの作業はどれも興味が尽きないものばかりだから――。

貝殻状をした切り口が理想。断面の艶やかな漆黒の色合いも美しい。

新しい時代感覚で炭焼きを考えてこそ未来への道が拓ける

20年前、新宮市から十津川《とつかわ》までの熊野川沿いには10人ほどの炭焼き師がいた。それが10年前には5人に減り、現在は中上さんただ一人となった。和歌山県全体でも昔から比べれば何十分の1だという。ほとんどが高齢の上、炭が売れないために廃業してしまった。

実は、中上さんも炭焼きを辞めようと思ったことがある。

「冬場に全然注文がこなくて、すべてを清算しようと思ったのです。本宮町の山の中では地の利も悪かったですから」

廃業を考えながらも、試しにパソコンでホームページを立ち上げてみた。すると、新規の注文が殺到したのである。

「かつては問屋を通して販売していましたが、今は宅配便を使って直接販売しています。その方がお客様のニーズによりぴったりとした備長炭を提供できるからです。たとえば、個人のお客さまはいかにおいしく焼けるかが大きなポイントですし、飲食店は仕事のしやすさを求めてきます。それぞれのニーズにあったものを提供できてこそ、お客様の信頼を得て取引も長続きし、新規の取引にもつながるというわけです」

これからの炭焼き師には、営業感覚が必要だと中上さんは断言した。最近は台湾で日本の備長炭がブームで、中上さんも台湾に製品を輸出している。

「実際、炭焼きという仕事は辛いです。でも、将来、確実に燃料として炭が必要とされる時代が来ると私は信じています。それまで炭を焼きつづけます」

中上さんは炭焼きの可能性を将来に託して、今日も備長炭を焼きつづけている。

太い原木は楔を打ち込んで割っていく。木の目に沿って割ることで、よい炭になる。

窯から吹き上がる煙。
その色で窯内部の状態がわかる。

「土と木と石だけでできた家に住み、薪炭だけを使うと、体への負担が極めて少ないことが実感できます。健康志向が強まる中で、炭は生活に不可欠なアイテムになっていくでしょう」と中上さん。

山肌を這うようにして家並がつづく本宮町。熊野本宮大社の氏子たちの町だ。

(右)熊野本宮大社がもともと鎮座していた大斎原《おおゆのはら》地。明治22年の大洪水の後、現在の場所に移された。高さ34m、幅42mの大鳥居は平成12年に建てられたもの。
(上)熊野本宮大社。全国の熊野神社の総本宮。熊野三山の首位を占める。厳かな雰囲気に包まれた社殿は、平成7年に国の重要文化財に指定された。
(左)熊野詣の途中で道に迷った神武天皇を熊野本宮大社に導いたといわれる八咫烏《やたがらす》。熊野の神の使いとされている。

熊野本宮大社の旧社地である大斎原のかたわらを流れる熊野川。熊野参詣の際、新宮と本宮の間は船でこの川をさかのぼる方法もあった。

世界遺産「熊野古道」の中心地 熊野本宮大社と生きる

中上さんの住む伏拝の集落へは、本宮町を貫く国道168号線を道の駅「奥熊野古道ほんぐう」の手前からそれて山を登っていく。いくつかの集落を超え、茶畑を越えたその上が伏拝だ。

熊野参詣道を歩いてきた人たちは、この地ではじめて熊野本宮大社を遠くに望み、思わず伏し拝んだという。今でも、その風景は変わらない。一方、北の方向には果無山脈が見事だ。

伏拝には熊野古道の一つ中辺路が通っており、かつては田辺市方面からの参詣客が、ひきもきらずに熊野本宮大社を目指した路である。熊野本宮大社は熊野信仰の頂点で、古代より全国の人びとから厚い信仰が寄せられていたのだ。

天皇が、将軍が、そして多くの庶民たちが血のにじむような苦労をして歩いた険しい山道のそこここには、今も色濃く当時の面影が残っている。

天皇からも篤い信仰を受けた熊野本宮大社も、地元の人たちにとっては日々の生活を守ってくれる氏神様だ。氏子たちは今でも深く信心し、「熊野本宮大社例大祭」や「八咫《やた》の火祭り」といった神事を守っている。

そして、平成16年からはもう一つ新しい顔が加わった。それは「世界遺産」という顔だ。吉野・大峰、熊野三山、高野山と熊野古道、高野山町石道を包括する「紀伊山地の霊場と参詣道」だ。

世界遺産に登録されたことで、熊野本宮大社も、本宮町も日本のみならず、世界中から大きな注目を浴びることになるだろう。熊野川のほとりの静かな町に、新しい歴史が始まろうとしている。

田辺市本宮町

●交通／JR新宮駅またはJR紀伊田辺駅よりバス利用。車ではJR新宮駅から国道168号線。JR紀伊田辺駅から国道311号線。**日の丸製炭（炭焼き体験）**●問い合わせ先／和歌山県観光交流課TEL:073-441-2785、(社)和歌山観光連盟「ほんまもん探検隊」TEL:073-422-4631 **熊野本宮大社**●問い合わせ先／TEL:0735-42-0009

写真協力：日の丸製炭

東近江市◎滋賀県

市民の手で河辺の森を蘇らせ未来に残す

燃えるような紅葉が美しい「もみじの森」。どこからか種が運ばれて自然に生えた。

人びとの暮らしの変化とともに変わった河辺の森

東近江市を東から北西に貫く愛知川《えちがわ》。その周辺には豊かな田園地帯が広がっている。そして、川に沿うように森（専門的には河辺林《かへんりん》という）が分布する。

今から30年ほど前まで、人びとはこの森と深くかかわりながら生きてきた。まず、大雨など

(上)最近はあまり行われなくなった焚き火は、子どもたちに人気がある。木が燃料になることを知らない子も多い。
(下)山々を背景に、近代的な町並と田園風景、そして自然豊かな河辺林が同居する。

で愛知川があふれたとき、その水が森の中に入ることで集落を水害から守った。そして、人びとの日常生活にも大いに役立った。たとえば、燃料にする薪や柴をもらう。アカマツなどを家の棟木に使う。竹はさまざまな日用品の材料になり、タケノコは掘って食べた。

子どもたちは森で遊び、大人たちは農作業の合間にここで昼食を摂った。祭事や宴会も森の中で開かれた。

また、森は人びとや自然から刺激を受けることで、豊かな動植物を育み、美しい林を保ってきたのだ。

だが、川に堤防が造られ、人工的に水害が防げるようになると、河辺林から水害を守る役割が失われた。また、薪や炭を使わなくなったために、人が森に入る機会も少なくなった。その結果、河辺林は刺激を受けられなくなってしまったのである。

森からはアカマツやコナラなどが姿を消し、常緑広葉樹が台頭した。竹はものすごい勢いで増殖し、他の樹木の生長を妨げた。さらに、自分たちに用のなくなった森を、人びとはゴミ捨て場にしてしまったのである。

こうして、美しく、楽しかったはずの森は、暗く、恐い森へと姿を変えた。

（右上）シイタケの菌を打つ作業。実りが待ち遠しい。
（右下）小さな子どもにとって森はワンダーランドだ。
（左上）森を活かすための伐採作業。自然を守るためには、時には木を伐採することも必要なのだ。
（左下）12月の作業のあとは、もちつきを行う。

新しい里山をつくる体験を通して河辺林を蘇らせる

忘れ去られた暗い森は、今、「河辺いきものの森」として蘇っている。森を生き返らせたのは、他でもない地元の人びとだ。

平成10年、里山保全活動団体「遊林会」が「子どもたちが自然にふれる場にしよう」と活動を開始。「木を伐って森を守る！」を合言葉に「河辺いきものの森」の再生・保全活動がスタートした。この市民の活動を、市がサポートする形で、現在まで8年間つづいている。

月2回行なう作業は、茂りすぎた樹木や竹の伐採、下草刈り、落ち葉かき、炭焼きなど。森を造るのではなく、森が自然に再生できる手助けをするのが目的だ。

活動はボランティアの手によって行われる。この会の面白いところは、会員制をとっておらず、誰でも参加できることだ。

「第2土曜日と第4水曜日が定例活動の日です。第2土曜日はおよそ50名、第4水曜日でも20名くらいのボランティアが集まってくれます。ボランティアの基準はとくになく、誰が来てもいい。作業する気持ちと、作業できる服装であればOKです。遅刻も早退も自由」と、遊林会世話役の武藤精蔵さんは言う。

作業の割り当てやノルマもない。何の作業をするかは当日、自分で決める。

「楽しいからこそ、活動は続きます。昼食はこちらで用意したお弁当をみんなで食べる。同じ釜の飯を食べることも、長続きの秘訣です」

だが、作業には厳しい面もある。活動は荒天でも中止しない。来た人だけで作業を行う。台風のときでもボランティアは来るし、やるべきことはたくさんあるのだ。

雪に覆われた炭焼き小屋から白い煙がたなびく。

（左ページ）森の景観にアクセントをつける水路。さまざまな生物の生息を可能にしている。

(右) 森の中の水路は、川幅や水深に変化をもたせてさまざま生き物が生息できるようにしている。
(左) 雪の竹林。雪の重さで竹がしなう。

8年間かけて復元した いきものの森は 豊かな自然に満ちている

「河辺いきものの森」はトータルで15haある。遊林会が管理しているのはそのうちの10haと全体の3分の2を占める。

「森の生態系を調査し、それにあわせた保全を行っています。だから、無理がないんですね。ふつうは施設整備ありきの計画になってしまうことが多いのですが、ここは生態系を生かす施設整備をしているんです」

その結果、8年経った森はかなりの部分が復元されて、バラエティに富んだ自然を私たちに見せてくれることになった。

美しい「淡竹の林」、ケヤキの幼木が育成中の「水辺の森」、ドングリがたくさん拾える「ドングリ広場」、遊林会があえて手を入れなかった「暗い森」。森を南東から北西に流れる水路も復元された。

そして、コゲラやエナガ、メジロなどの小鳥や、アカタテハ、アキアカネ、ギンヤンマ、カブトムシ、ノコギリクワガタといった昆虫をはじめ、さまざまな動物も元気な姿を見せてくれる。

驚くべきは、森の中を通る道だ。これは遊林会のボランティアの手づくり。木を切り、草を刈り、地面を踏み固めて造った。水路に沿っては木道が走り、車椅子でも楽に森を楽しむことができるように配慮されている。

里山としての河辺いきものの森には、自然を利用するための施設も不可欠だ。野鳥観察小屋や、木の上の様子を見られる「林冠トレイル」、作業小屋、炭焼き小屋、ネイチャーセンターが設けられている。

こうした施設を拠点に、河辺いきものの森を訪れた人たちは、自然とふれあう里山の暮らしを疑似体験するのである。

河辺いきものの森の周りは、民家や田んぼが連なる田園風景が広がる。

(左ページ上) ボランティアスタッフが造った道。土の感触が足にやわらかく、心地よい。
(左ページ下) 河辺いきものの森の中枢、ネイチャーセンター。

(右上)観察会では、新しい発見の連続。季節の微妙な変化を感じるのも楽しい。
(右下)早春の林冠トレイル。森を上から眺めるのは、ちょっと不思議な感覚だ。
(左)水面に映る森。思わず立ち止まらずにはいられない光景だ。

(上右)かつて、森周辺の人たちがしていたように、森から木をもらって炭を焼く。
(上左)森を保全する作業は限りがない。雪が降っても活動はつづく。
(右)作業の後はみんなで食事。にぎやかな時間が、ボランティアの人たちの気持ちをつなぐ。
(左)薪はさまざまな燃料に使われる貴重な資源だ。

河辺いきものの森のそばにある鎮守の森。こうした姿が残るのも珍しい。

自然と人とのかかわり その大切さを伝えて 里山を未来につなげる

遊林会の活動は、森の再生だけではない。人と自然がかかわりあうことの大切さを、多くの人に知ってもらうことも重要な役割だ。

遊林会では、現代の人たちがどのようにして自然とかかわりあえば里山を維持できるかを紹介している。

とくに未来を担う子どもたちに対しては、学校の授業の一環として、レクチャーと体験を行うプログラムを提供。ボランティアのヘルプのもと、すでに多くの子どもたちに里山の楽しさと大切さを伝えてきた。

たとえば、自然観察会、竹林の整理などの体験学習、森を探検しながらのクイズラリー、ドングリや間伐した竹での工作、落ち葉での焚き火や炭焼き。薪を割ったり、その薪でお風呂を沸かしたり、森で採ったキイチゴでケーキを作ったり。みんなで楽しく活動しながら、自然とのかかわりを会得していけるのだ。

逆に森の恐さも教える。本当の自然があるから、そこにはマムシがいたり、スズメバチが巣を作ったりする。

「こうした不愉快な部分をあえてそのままにしてあります。大切なのは、こうした危険をどう回避するかという知恵。それをここで経験として教えることが里山と上手につきあうことにつながるのです」

忘れられてしまった自然と人との共生を目指した河辺いきものの森の活動を、「理想的にうまくいっている」と武藤さんは言う。この活動を永続的につづけていくことはもちろん、全国にも同じような活動が広がればいいと、遊林会の人たちは祈っている。

東近江市

●交通／JR東海道本線近江八幡駅から近江鉄道本線、八日市駅下車。**河辺いきものの森**●問い合わせ先／TEL：0748-20-5211

写真協力：河辺いきものの森

(右上) るり渓の向こう、山間に広がる大河内の集落。
(左上) 仙人が大勢集まり、滝を流れ落ちる水に杯を流して曲水の宴を楽しんだという「會仙巖《かいせんがん》」。
(上) るり渓12勝と呼ばれる大小さまざまな岩や滝に沿って。約4kmの散策コースが続く。

南丹市園部町◎京都府

日本の音風景百選に出合う里山

風光明媚な音風景はその昔の雨乞いの場だった

京都府の西端、丹波高原に位置する南丹《なんたん》市園部《そのべ》町。その町中を抜け、京都府と兵庫県の県境まで行くと、風光明媚な渓谷にたどり着く。京都府立自然公園になっており、国の名勝地にも指定されている渓谷は、「るり渓」とよばれる。

「るり」とは「瑠璃」で、紫色を帯びた紺色の宝石のこと。明治時代にこの地に遊んだ郡長が、あまりの美しさに感動して命名したという。

標高は500m。およそ4kmの散策コースが設けられ、「る

涼しげな音を響かせる鳴瀑。「日本の音風景百選」に応募した全国738件の中から選ばれた。

り渓12勝」と名づけられた大小さまざまの滝や岩が、季節ごとに彩りを変える両岸の木々や花とあいまって、言い尽くせぬ美しさを醸し出している。

「日本の音風景百選」に選ばれたのは、「鳴瀑《めいばく》」とよばれる滝だ。滝の裏が空洞になっていて、滝の落ちる音が反響することから、こう呼ばれる。

できることなら、この音はじっくりと聴きたい。滝の対岸、道路わきに設けられた東屋《あずまや》からは、今も、昔と同じ音が楽しめる。日本の音風景に出合うこと—。これが園部の大きな魅力だ。

ところで、この滝は、その昔、近くの集落の人たちが雨乞いに訪れた場所でもある。お地蔵様をくくって滝壷に沈め、雨を待ったという。また、「鳴瀑」にほど近い山「掃雲峰《そううんぽう》」では昭和初期まで、旱魃の年になると山頂の大きな岩の上で柴を焚き、雨乞いをしたという。

この一帯の人たちが雨乞いをした理由は、米作だ。とくに大和朝廷時代は朝廷の荘園として飯米作りを担っていたので、旱魃による米の不作は深刻な問題だったろう。

ちなみに、「園部」という地名も、大和朝廷時代に飯米作りを担った「部《べ》」であることからつけられたという。

田園風景の一角に集まる家々。肩を寄せ合うように建ち並ぶ。

（右）一人黙々と作業をする男性。あたりは音もなく静寂そのもの。
（上）歴史を感じさせる小学校。今は、地区の公民館になっている。
（左）小出氏の城下町だった時代の面影も今はわずかとなった。

園部川沿いに広がる田園風景。2000年近い米作の歴史がここにある。

歴史と伝統を未来に伝えるための新しい米作り

古代朝廷の米作りを担った園部は、江戸時代になると小出氏3万石の城下町となった。

ほんの数年前まで、園部の市街地には、その城下町を偲ばせる古い屋敷がいくつも残っていた。しかし、「国際学園都市」を目指すなかで、再開発も活発となり、城下町の面影は姿を消しつつある。

ところが、市街地を抜け、田園風景が広がるあたりになると、かつての武家屋敷を髣髴《ほうふつ》させる家並が現れてくるのだ。大和朝廷時代からつづく稲作風景を背景にした武家屋敷風の新しい家は、古代と近世と現代が入り混じった不思議な景色。そこには未来を追い求めつつ、伝統も守る人びとの心が感じられる。

農業もしかり。大和朝廷の飯米作りの歴史をもつ園部の農家は、米作りを未来につなぐため、昭和60年から減農薬有機栽培による「れんげ米」作りという新たな試みを始めた。

「れんげ米」とは、田植え前に田の土にれんげ草をすき込んで肥料にして作る米のこと。

れんげ草を土に混ぜることで、根にある根粒菌が多くの窒素を土に与え、良質の土壌を作るのだ。これに有機堆肥を混ぜた田で生まれたコシヒカリは、「そのべれんげ米」というブランドで出荷され、人気を高めている。同時に、地元の小学校の米飯給食にも利用。安全な食品としての認知度を高めるとともに、毎年ゴールデンウィークに「そのべれんげ祭」を行い、地域内外へのPRにも務めている。

長い歴史の中で新たに作り上げたブランドを次世代に渡すため、園部の農家の努力はつづいている。

園部町
●交通／JR山陰本線園部駅下車。車では京都縦貫自動車道園部IC下車。 **るり渓**●交通／JR園部駅より京都交通バス「奥るり渓直行」で「るり渓」下車。車では京都縦貫自動車道園部ICで降り、国道9号線へ。 **南丹市役所農林商工課**●問い合わせ先／TEL：0771-68-0001（代）

日本一の海岸砂丘を体験する

鳥取市福部町◎鳥取県

朝、まだ誰も足を踏み入れていない砂丘に広がる風紋。風紋は風速が5～6ｍ/秒のときだけにできるのだそうだ。

砂丘の畑で特産品のらっきょうにふれてみる

京都から兵庫、鳥取と1府2県にまたがる山陰海岸国立公園。鳥取砂丘はその西端に位置する。東西16㎞、南北2.4㎞。山陰地方の主要観光スポットの1つとして、年間120万人が訪れる有数の観光地だ。

だが、砂丘を擁する鳥取市福部町の人たちにとっては、砂丘は重要な農地でもある。

砂丘観光のエリアは、特別保護区になっている中心部。そこから山を隔てた東側は畑地で、秋ともなれば紫の花が一面に咲き誇る。福部特産の砂丘らっきょうの花だ。

ここにらっきょうがもたらされたのは、江戸時代のこと。最初は海岸部に住んでいる人たちが、自家用に細々と作っているだけだった。だが、大正時代に50ａほどの栽培に成功すると、一気に町の特産品として成長していく。水はけがよく、病害虫も少ない砂丘地は、らっきょう栽培に最適だったのだ。

以来、販路を山陽、四国地方、関西、さらには名古屋や首都圏にまで伸ばし、今や押しも押されぬ日本一のらっきょうの産地になったのである。

砂丘らっきょうは、町の活性化のシンボルでもある。毎年11月には「ふくべらっきょう・花マラソン大会」が開催され、6月末には「らっきょう掘り体験」、10月末には「らっきょうの花狩り体験」なども実施。鳥取砂丘観光に訪れる人たちにプラスアルファの楽しみを提供しながら、そのおいしさを知ってもらうことで、特産品としてさらに成長し、福部の発展に寄与することを目指している。

（左）福部町特産の砂丘らっきょう。夏に植え付けが行われ、10月末ごろに花を咲かせる。　（右）遊覧らくだもなかなかスリリングだ。

（左上）らっきょう掘り体験。農家秘伝の漬け方も伝授してもらえる。
（右）遊覧馬車で砂丘を巡る。足元の砂は場所によって色がちがうことに気づくだろう。海に近いところは白灰色に輝き、内陸に入るにつれて淡黄色から黄褐色へと変化する。
（左）パラグライダーは、鳥取砂丘で人気のスポーツの1つだ。

（右上）ボランティアによる除草作業。自然といえども、メンテナンスは必要だ。

（左上）ウィンドサーフィンで海から砂丘を眺めるのもまた面白い。

（右中）砂丘保安官（左端）によるガイドツアー。砂丘の地形やそこに住む動植物をわかりやすく解説してくれる。

（右下）砂丘の急斜面を滑べり落ちる砂がすだれ状の模様をつくる「砂簾」。

（左下）静かなたたずまいを見せる福部の家並。

砂丘の中のオアシス。砂丘に降った雨は地下に浸透して地下水として貯められる。それが湧水となって地表にたまったものがオアシスだ。

景観を維持しつつ砂丘の魅力を紹介する砂丘保安官

いくつもの起伏をつくって日本海へと傾斜する鳥取砂丘。広大な砂丘の向こうに雄大な日本海が望める風景は、優美で開放的という形容がふさわしい。

砂に足を取られてなかなか歩きにくいが、足元に広がる風紋《ふうもん》や砂簾《されん》、スリバチといった自然がつくり出す景観と、砂丘特有の植物や動物などが繰り広げる独特の世界は、その苦労を忘れさせてくれるほどの魅力に満ちている。

そのすばらしさをより多くの人に理解してもらおうと2002年に誕生したのが、「砂丘保安官」だ。

彼らに解説をお願いすると、砂丘を歩きながら実験観察を行い、砂丘のでき方や生物、地質、気象などについてわかりやすく解説してくれる。また、凧揚げ大会や星座観察など四季を通じてオリジナルのイベントも開催。彼らの登場で、砂丘を見るだけでなく、より身近に体験することができるようになった。

「自分たちだけでは気がつかない砂丘独特の植物や虫たちについても解説してもらえて、さらに砂丘に興味がわきました」と、子ども連れで観光に来ていた男性が話してくれた。

砂丘保安官は砂丘についての専門的な知識や砂丘でのさまざまな実験の講習を受け、筆記試験と実技検定に合格した人たち。まさに砂丘のプロフェッショナルなのだ。

彼らは、砂丘の案内人を務めるだけでなく、その美化・保全にも力を注ぐ。

自然も地域の財産として守り、つないでいく。鳥取砂丘がある限り、保安官たちの活動はつづく。

福部町

●交通／JR鳥取駅よりJR山陰本線で福部駅下車。車では国縦貫自動車道佐用ICから国道373号線。または国道9号線、29号線、53号線。**鳥取砂丘、砂丘らっきょう畑**●問い合わせ先／鳥取市福部総合支所産業建設課TEL 0857-75-2111 **砂丘保安官**●営業時間／9:00～16:00、木曜・祝祭日の翌日・年末年始休●解説料金／30分以内20名まで1人1000円（人数・時間によって料金が変わる）。要予約●問い合わせ先／砂丘保安官事務所TEL：0857-23-0097

写真協力：鳥取市福部総合支所産業建設課

8月上旬の柳井の町。夏の強い日差しの中で、白壁が輝き、軒下に金魚ちょうちんがゆらめく。

金魚ちょうちんと親しむ里山

柳井市◎山口県

素朴で愛らしい玩具 金魚ちょうちん

郷土玩具は、その土地土地の文化や風習を伝え、素朴なものが多い。その一つ、山口県柳井《やない》市に伝わる「金魚ちょうちん」も愛らしい表情をもつ郷土玩具として今に伝えられてきた。

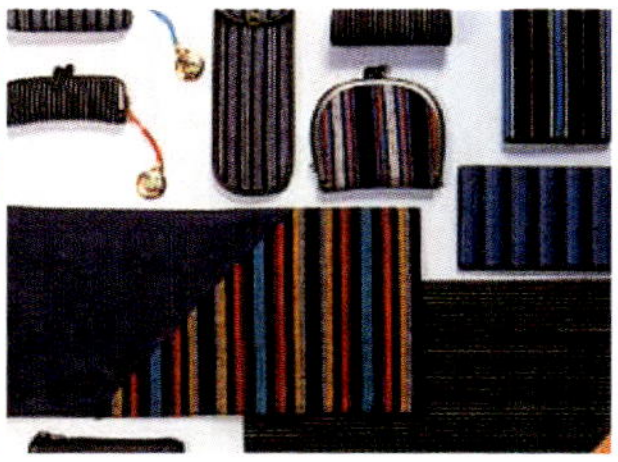

（右）金魚ちょうちん祭りの期間中は、多くの人出でにぎわう。
（中）江戸時代から木綿織物として知られていた「柳井縞」。一次、化繊に押されて衰退したが、伝統の織物を復活させようという気運が高まり、今では柳井縞の反物から小物までさまざまな製品が生まれている。
（左）夜になると金魚ちょうちんに火が灯り、昼間とはガラリと一変した幻想的な光景が出現する。

150年ほど前、柳井の商人が子どものために金魚をかたどった玩具を作ったことが発祥。手近にあった竹ひごと和紙、柳井縞の染料を使ったとか。全国で手広く商いをしていた柳井商人が、青森のねぶたを見知って、それをヒントにしたといわれている。

「金魚ちょうちん」は、その名のとおり、赤い金魚をかたどったちょうちんである。全国で手広く商売をしていた柳井の商人。その一人、ロウソクを商っていた熊谷林三郎《くまがいりんざぶろう》が、江戸末期から明治初めにかけて、青森の「ねぶた」にヒントを得て作り始めたのがルーツだといわれている。

もともと金魚ちょうちんは、お盆の迎え提灯《ちょうちん》として使われていたもので、夏祭りを迎えると子どもたちは浴衣を着て金魚ちょうちんに火を灯し、宵の町へ出かけていったという。しかし、時代とともに一時は忘れられかけた金魚ちょうちんだったが、地元の文化を残そうという動きの中で復活し、全国民芸品番付でも上位にランクされるなど、今では山口県の玩具の一つとして知られるようにまでなった。

その金魚ちょうちんを自分の手でつくるという体験が、「やない西蔵《にしぐら》」でできる。

柳井は白壁の町並で知られる。町を歩くと、白壁土蔵造りの建物を多く目にする。入母屋《いりもや》型の本瓦の屋根に白漆喰《しろしっくい》、土蔵造りの商家は、油や呉服、繊維卸などを営んでいた。かつて岩《いわ》国《くに》藩のお納戸《なんど》として栄え、錦帯《きんたい》橋《きょう》建設を支えた栄華の名残りを残す町並である。「やない西蔵」

(上)「やない西蔵」で、金魚ちょうちん作りを体験できる。形を作って柄を入れる簡単なコースと、ロウづけから独自のデザインまでの行程を体験できる２コースがある。
(右)「やない西蔵」。大正時代末期に醤油蔵として建てられた木造瓦葺平屋建、白壁土蔵造りの建物。当時の外観や中の柱や骨組はそのまま残し、体験工房やギャラリーを備えた施設となった。
(下) 8月13日の「金魚ちょうちん祭り」には、金魚ねぶたが町中を引き回され、祭りはクライマックスに。

「やない西蔵」では機織り機を常設し、糸巻き、整経、機かけ、織り、完成までと柳井縞製作の全工程を再現している。また、実際に自分で機織り機を動かしてコースターやテーブルセンターなどを作る織物体験もできる。機織り体験の所要時間は約30分。

も、そうした白壁土蔵造りの建物の一つ。大正末期に醤油蔵として建てられた建物である。その一角にある体験コーナーで、金魚ちょうちん作りに挑戦。あらかじめ用意された竹ひごと紙でできた胴体に、色を塗り、ヒレをつけて、自分の手で金魚ちょうちんを作ることができ、訪れた人に好評だという。

夏の夜に金魚ちょうちんが揺れ町中を練り歩く

もともと金魚ちょうちんは、柳井の名産「柳井縞《やないじま》」の染料を用いてつくられた子どもの玩具だった。柳井縞は、昔から素朴な木綿織物として親しまれてきた。とくに柳井が商都として栄えていた江戸時代は、その名は全国に知られていた伝統織物である。やない西蔵では、その柳井縞の機織り体験もすることができる。

8月の柳井は、金魚ちょうちん一色に染まる。8月上旬、JR柳井駅から白壁の町並にかけて、約3000個もの金魚ちょうちんが飾り付けられ、白壁と青空の中で、金魚ちょうちんの赤い色が鮮やかなコントラストを描き出す。

夜には、ちょうちんに灯がともり、無数のちょうちんが風にそよぐにつれて、灯がゆらゆらと揺れる。昼とはまったく違う幻想的な光景となる。

そして、毎年8月13日には「金魚ちょうちん祭り」が行われ、クライマックスを迎える。金魚ねぶたという巨大な張子の山車が町中を引き回され、熱気に包まれる。

子どもの玩具から生まれた文化は、今、確実に時代の人に受け継がれ、より愛されている。玩具の里、祭りの里へ。柳井の夏は、金魚ちょうちんの里に一変する。

柳井市
●交通／JR山陽本線柳井駅下車。車では山陽自動車道玖珂ICまたは熊毛ICから県道へ。船は松山からオレンジラインフェリーで柳井港へ。**金魚ちょうちん作り体験**●受付時間／10:00～16:00、月曜休●料金／850円～ **柳井縞製作体験**●受付時間／13:00～16:00、月曜休●料金／350円●問い合わせ先／やない西蔵 TEL.0820-23-2490 **柳井市役所商工観光課**●問い合わせ先／TEL:0820-22-2111

写真協力：柳井市役所商工観光課

日本の音風景百選③

近畿・中国編

平成8年（1996）環境庁選定

自然の音、生物の音、生活の音、
そして人の声。
地域のシンボルとして、
将来に残していきたい
“音の聞こえる環境”、それが「音風景」。
全国から選ばれた音風景は、
音が紡ぐ里山のもうひとつの風景です。

三井の晩鐘

所在地：滋賀県大津市
時期：通年

三井寺として知られる園城寺の鐘は、慶長7年（1602）に「弁慶の引摺鐘」伝説にちなんで造られた鐘。毎日午後5時ごろ、また大晦日には琵琶湖の竜神伝説に由来する除夜の鐘も撞かれてきた。近江八景の一つ、日本の三名鐘の一つに数えられる歴史と伝説の鐘である。

彦根城の時報鐘と虫の音

所在地：滋賀県彦根市
時期：時報鐘は通年、虫の音は7月下旬〜10月頃

白亜の名城・彦根城内にあり、朝から夕方まで3時間ごとに時を告げてきた時報鐘。より美しい音色にするため藩主・井伊直亮が小判を入れて造ったといわれる。また、丘に建つ彦根城の周囲では7月からはヒグラシが、秋にはマツムシやスズムシなどが美しい音色を響かせる。

京の竹林

所在地：京都府京都市
時期：通年

京都市の西に位置する嵯峨野や洛西にはよく手入れされた竹林が多くある。風にそよぎ、ざわめき、刻々と変わる竹林の葉音。新緑の頃、秋、そして冬の木枯らしに揺さぶられる音など季節によっても違った趣がある。とくに5月〜6月の緑濃い季節の竹の音はおすすめ。

るり渓

所在地：京都府南丹市
時期：通年

京都の西にあるるり渓は、瑠璃のように美しいことから名づけられた景勝地。山深く変化に富んだ地形には、高さ12mもある双龍淵や巨岩から流れ落ちる鳴瀑の水音、渓流のせせらぎや木々のさやぎ、鳥や動物たちの声が鳴り響き、見事なハーモニーを奏でる。

琴引浜の鳴き砂

所在地：京都府京丹後市
時期：通年

鳴き砂は汚染のないきれいな砂浜でないと聞くことはできない。ここ琴引浜は1800mもつづく全国有数の鳴き砂の浜。砂が乾いたところで足を引きずるように歩いたり、手でこすったりすると「キュッキュッ」という音が聞こえる。自然の状態が保たれた貴重な浜辺である。

淀川河川敷のマツムシ

所在地：大阪府大阪市
時期：8月下旬〜10月頃

秋の夜長を鳴き通すマツムシの高く涼やか

思議な音が聞こえてくる。この世の音、あの世の音、あるいは遠く紀ノ川の音であるともいわれる。

那智の滝
所在地：和歌山県東牟婁郡那智勝浦町
時期：通年

落差133m、日本三名瀑の一つに数えられる那智の滝。那智神社の奥深く、原生林の中に轟音を轟かせるこの滝は、飛沫を浴びると長寿が得られるといわれ、熊野詣が盛んな時代から人びとが絶えることなく訪れてきた。荘厳で神秘的な名瀑である。

水鳥公園の渡り鳥
所在地：鳥取県米子市
10月中旬〜3月中旬

200種以上の鳥が集まることで知られる米子水鳥公園は、渡り鳥の飛来地としても有名だ。コハクチョウをはじめガンの仲間、ヒシクイなどの貴重な渡り鳥も多い。つばさ池にある観察ホールからはそんな鳥たちの生態や、さまざまに鳴きかわす声を観察できる。

三徳川のせせらぎとカジカガエル
所在地：鳥取県東伯郡三朝町
時期：6月〜9月

カジカガエルは山地の渓流や森林に棲む。清流を好み、体色は地味だが澄んだ美しい

灘のけんか祭りのだんじり太鼓
所在地：兵庫県姫路市
時期：10月14、15日

灘のけんか祭りは御輿と御輿をぶつけ合う荒々しく勇壮な祭りだ。10月に松原八幡神社で催される大祭で、毎年数十万人が見物に訪れる。裸で御輿を担ぎ華麗な屋台を練る人びとの怒号と熱狂。御輿と屋台を先導するだんじり太鼓は独特のリズムで祭りを盛り上げる。

春日野の鹿と諸寺の鐘
所在地：奈良県奈良市
時期：通年

古の時代からつづく古都、奈良。市のほぼ中央、春日野の周辺には1000頭以上の野生の鹿が棲んでおり、時折高く鋭い声を聞くことができる。また、東大寺や興福寺をはじめ多くの古寺名刹があり、悠久の歴史の流れを感じさせる荘厳な鐘の音を日々響かせている。

不動山の巨石で聞こえる紀ノ川
所在地：和歌山県橋本市
時期：通年

不動山には古くから地元の人びとの信仰を集めていた不動尊がある。その付近にはたくさんの巨石があるが、不動尊そばの巨石には丸い穴が開いており、耳をあてると不な声。昔から多くの歌にも詠まれてきた美声だ。大都会大阪でも、淀川の河川敷にはまだ虫たちが生息できるだけの自然が残された場所があり、マツムシの好む丈の高い草が生い茂るところでは雅な声を聞くことができる。

常光寺境内の河内音頭
所在地：大阪府八尾市
時期：8月23、24日

河内音頭は「口説き形式」の音頭で、常光寺の「流し節・正調河内音頭」はその原型とされる。約600年前に寺の再建に携わった人足の木挽き歌がそのはじまりといわれる。8月の地蔵盆踊りでは境内に朗々と河内音頭の声が響き渡り、人びとはその声と踊りに酔いしれる。

垂水漁港のイカナゴ漁
所在地：兵庫県神戸市
時期：2月下旬〜4月下旬

瀬戸内の漁港、垂水の春はイカナゴ漁とともに始まる。イカナゴ漁は2月の終わりから4月にかけてが最盛期。海上では漁師たちのかけ声で網が引かれ、無数のイカナゴがピチピチとはねる音がする。カモメたちの鳴き声が混じり合ってつくり出される春の音である。

鐘」、原爆死没者慰霊碑北側の自由に鳴らせる「平和の鐘」、そして毎朝、原爆が投下された８時15分に鳴らされる「平和の時計塔」の鐘。いずれの鐘の音にも平和への祈りが込められている。

千光寺驚音楼の鐘
所在地：広島県尾道市
時期：通年

「音に名高い千光寺の鐘は一里聞こえて二里ひびく」といわれるほど遠くまで聞こえることで有名な千光寺の鐘の音は、尾道の町のシンボル的存在だ。時計のない時代には１時間ごとに人びとに時を告げ親しまれてきた。今は毎夕６時と大晦日の除夜に聞くことができる。

山口線のSL
所在地：山口県山口市「新山口駅」・島根県鹿足郡「津和野駅」間
時期：3月〜11月のSL運転日

蒸気機関車の時代から電気機関車の時代へ移行して久しいが、SLには誰もがあらがいがたい魅力がある。1979年に山口線に戻ってきたSLは貴婦人にたとえられるC571「SLやまぐち号」。力強い機関音と汽笛を響かせ、黒煙を上げ、人びとの夢を乗せて走りつづけている。

諏訪洞・備中川のせせらぎと水車
所在地：岡山県上房郡北房町
時期：通年

諏訪洞は天然記念物に指定されている鍾乳洞。その神秘的な洞から湧き出る水は備中川に注ぎ込み、水車が「ギッギッ」と音を立てて回る。夏にはホタルが飛び交うのどかな農村の心安らぐ音風景だ。とくに春から夏、山が緑に包まれ水がぬるむころに聞く水音は心地よい。

新庄宿の小川
所在地：岡山県真庭郡新庄村
時期：通年

出雲街道沿いの宿場町として栄えた新庄村は、その当時の面影を残す家並が美しく連なる風情ある町だ。町中を通る「がいせん桜通り」には桜並木があり、その脇に設けられた石造りの用水路には豊かな水がさらさらと音をたてて流れ、歴史ある町に趣を添えている。

広島の平和の鐘
所在地：広島県広島市
時期：8月6日ほか

広島平和記念公園には鐘が３つある。８月６日の平和記念式典で鳴らされる「平和の声で鳴くカエルだ。三徳川の流れる三朝温泉周辺では初夏から初秋にかけて聞くことができる。川のせせらぎとあいまって涼やかに響く鳴き声は、三朝温泉の夏の風物詩となっている。

因州和紙の紙漉き
所在地：鳥取県鳥取市
時期：通年

因州和紙は1000年の昔から受け継がれてきたという歴史のある和紙だ。清らかな水の流れる青谷町や佐治町では、数は少なくなってしまったが今でも村のあちこちに紙漉き場があり、三椏や楮を使って簀で紙を漉く、懐かしくあたたかな水の音が間断なく聞こえてくる。

琴ヶ浜海岸の鳴き砂
所在地：島根県大田市
時期：通年

日本の十数ヵ所残されている鳴き砂の浜辺の中でも、ここ琴ヶ浜海岸はよく鳴く砂浜として知られる。白い砂浜は約２km続き、夏は海水浴場として、また盆踊りの会場としても親しまれている。鳴き砂は波打ち際から少し離れた砂が乾いたところのほうがよく鳴る。

四国・九州・沖縄

黒潮の恵みと出合う里海
高知県土佐清水市

ワーキングホリデーを体験する里山
徳島県上勝町

ペーロンが漕げる里海
長崎県長与町

薩摩焼作りが体験できる里山
鹿児島県日置市東市来町

やんばるの自然を体験できる里山
沖縄県東村

コラム
日本の音風景百選④

黒潮の恵みと出合う里海

土佐清水市◎高知県

懐の深い清水漁港。左手奥が清水サバの入荷を心待ちにする清水漁協。漁師たちは港へ帰るときに、背後の山の木々の変化を見て季節を感じるそうだ。

朝の静かな町に響き渡る清水港の活気

早朝の漁港

まだ眠りから醒め切らない町を背に、岸壁に立って見ていると、防波堤の向こうから続々と

（上）深夜に漁場に向かった船が、午前10時ごろに港に帰る。その傾き方で、清水サバの収穫量がわかるという。
（下）港では、漁師の奥さんが待ち構えて、水揚げの手伝いをする。毎日が夫婦の共同作業。漁師の夫婦は仲がいいそうだ。

漁船が戻ってくる。乗っているのは、大方1人の漁師だ。

船が桟橋に横付けされると、すかさずおかみさんが駆けより、魚の陸揚げを手伝う。息の合った作業が、港のあっちでも、こっちでも繰り広げられている。ケースに選り分けた魚は、おかみさんが港の中の市場に駆け足で運ぶ。

戻ってくる船の数が増えてくるにつれて、漁港の中は活気を呈してくる。誰もがキビキビと動き、エネルギッシュだ。

漁師はほとんどが50代から60代か。その中にかなりベテランとみられる人もいるし、30代くらいの若い漁師もいる。

夫婦で魚をより分けているところに、突然、漁協の建物の方から人が走り出してきた。手にはタモを持っている。タモとは柄のついた網だ。船に走り寄ると、すかさず漁師が魚を入れる。魚を受け取ると、その人は猛ダッシュで建物の方に戻って行く。その速さといったら、まるで何かに追い立てられてでもいるかのようだ。

その瞬間、あたりが晴れやかな雰囲気につつまれる。

土佐清水市清水漁港の朝の風景だ。みんなの笑顔は、上物の「清水サバ」が揚がったことを示している。

（上）活魚槽で泳ぐ清水サバはみな600g以上の脂の乗ったものばかり。
（左）清水サバの鮮度を落とさないように、出荷の前に血抜きをする。

黒潮の恵みを ブランド化して 独自性をアピール

「清水サバ」は、10年ほど前から清水漁港が育てたブランド商品だ。漁場は土佐清水の沖合30㎞あたりである。

土佐清水沖は、足摺岬にぶつかる黒潮が深層水と混合し、豊かな漁場をつくっている。なかでも沖合30㎞のあたりは海底が広い台地になっていてプランクトンが多く、魚が集まる。近海漁をする漁師たちは、ここを目指して船を漕ぎ出すのだ。

土佐清水沖ではゴマサバやハガツオ、マグロやタイ、クエなどが獲れる。その中でも清水漁港はとくにゴマサバ漁に力を入れ、ブランド化に成功したのだ。「清水サバ」とよべるのは、足摺岬で獲れて、清水港に水揚げされたゴマサバのみ。その中でも、600g以上は活き締めにして出荷する。これが「清水サバ」の中でもとくに自慢の高級ブランド品だ。

「今、漁業は存続がむずかしいんです。流通が格段によくなったことで、どの市場にも全国の魚が集まってくる。その中で生き抜くためには、創意工夫が必要。その切り札として、清水サバをブランド化しました」と言うのは、縦縄《たてなわ》組合長の清水保徳さんだ。

清水のサバは縦縄漁という独特な漁法で一本釣りされる。潮の流れや風、気温で収穫量が毎日変わるため、「安定供給できないのが、悩みの種」と漁師や、漁協の人たちは口を揃えて言う。しかし、それこそが天然もの、極上品の証だろう。流通方法にも工夫を凝らして、漁港をより活気づけようと力が入る。

自然との共存も、時代にあった形がある。清水漁港は見事に、新しい共存の形をみつけたのだ。

漁師に定年はないと話す清水漁協縦縄組合長の清水保徳さん。「オヤジは75歳まで現役でした。私はそれを超えるまでがんばりたい」

（左ページ上）清水サバは獲れたときから手を触れず、港でも船から直接タモで受けて、一気に水槽に運ばれる。
（左ページ下）活気のある清水漁港。競りや活き締めの清水サバを引き取りに来た人と話がはずむ。

清水漁協

Iターンで漁師になった夫婦。毎日の暮らしが真剣そのものだ。

(右)Iターン研修を終えると、自分の船を手に入れる。最近は新品がなく、中古船を探すのもひと苦労だ。
(上)昼を過ぎて落ち着きを取り戻した清水漁港。苫屋では漁師とそのおかみさんたちが明日の支度に余念がない時間帯だ。
(左)清水漁港の背景には家並と山が広がる。

朝の土佐清水市。活気があるのはまだ港だけだ。

Iターン漁師が後継者不足の漁師町を救う

太平洋に面した大小の入り江には、いくつもの漁港がある。その中の一つ、清水漁港は、台風の被害を避けることのできる自然の避難港があり、昔から良港として栄えた。

だが、この地でも後継者問題に悩む。漁協に若い職員はいるが、漁師の若手は少ない。親父さんと息子が一緒に船に乗っているのが話題になるほどだ。

そうした状況を打開すべく、土佐清水市ではIターンで漁業をしたいという人の受け入れを行っている。清水漁港にはIターンの漁師が2人いる。

「主人が漁業がしたいということで、いろいろ探していたところ、土佐清水のIターン研修制度をみつけ、応募しました」と話してくれたのは、千葉県から移ってきた漁師の奥さん。

研修中は先輩の漁師の船に乗せてもらい、2年経ったら船を買って独り立ちする。

夜中に海に出て漁をし、明け方港に帰るという漁師の生活も慣れるまでは大変だ。

「漁から帰って、魚を競りに出したら仕事が終わりというわけではありません。翌日の漁の準備をしたり、縄をつくろったり、道具のメンテナンスをしたり、やることはいろいろあるんです」

こうした仕事は奥さんも手伝う。夜中にご主人にお弁当をもたせて漁に出し、子どもたちを学校にやって、港の仕事をし、家事をする。漁師のおかみさんもなかなか大変だ。

そんな話をする彼女の顔は、輝いている。「大変だけれど、自分の力で稼げるところが魅力」。夫婦が力をあわせての海の仕事は、苦労のしがいがあるようだ。

清水港には彼らにつづくIターン研修生が3~4人いて、独り立ちの時を心待ちにしている。

黒潮のぶつかる足摺岬が、土佐清水に恵みをもたらす。

（右/上）透き通った海の底には、さまざまなサンゴ礁と色とりどりの熱帯魚が棲む別世界。足摺海洋館やグラスボートからは、美しい光景を観察できる。
（中/左）（左ページ）竜串の海岸一面に広がる奇岩の数々。風雨に洗われた自然のモニュメント。手で触れば、さらさらと砂がこぼれる。

海岸線の造形美と豊かな海の自然を守る

清水港から西へ海岸沿いに進むと、奇妙な形をした岩が連なる風景に出合う。ここは「奇岩のギャラリー」として有名な竜串の海岸だ。

芸術的な岩の形は、数千年にわたって黒潮の荒波と風が、砂岩を洗って創りあげたものである。平安初期、四国を巡って竜串を訪れた弘法大師も、大いに心を動かされたという。

そして海中には、色鮮やかなさまざまなサンゴが広がり、その間をカラフルな熱帯魚が泳ぎ回っている。

海岸のすばらしい造形美と、海中の豊かな自然。この2つをもつ竜串は、土佐清水の人たち自慢の風景であり、誇るべき名所だ。

土佐清水を訪れれば、きっと竜串を訪れることをすすめられるだろう。その言葉に従えば、間違いなく貴重な体験ができる。

だが、多くの人に感動と驚きを与えた海も、以前とは様子が変わってきている。サンゴ礁が衰退しているのだ。山から川を通って運ばれた土砂や、地域の人たちが出す生活排水の混じった川の水が、海を変えてしまったのだ。

天然記念物も含まれる竜串のサンゴ礁を守るため、2003年から環境省による「竜串自然再生プロジェクト」がスタートした。

これは、単にサンゴ礁を再生させるだけではない。その原因の背景にある山や川を回復し、その中で育んできた私たちの暮らしや伝統、産業、文化を守ることが目的だ。

竜串の海を誇りにする地元の人たちとともに、壮大な里海再生が始まろうとしている。

土佐清水市

●交通／JR高知駅よりJR・くろしお鉄道を乗り継いで中村駅下車、バスで土佐清水、竜串へ。車では高知自動車道を須崎東で降り、国道56号線、321号線で土佐清水・竜串へ。 **土佐清水市役所**●問い合わせ先／TEL:0880-82-1111(代)

道づくり体験。ほとんど手つかずの状態だった野山を、切り拓いて通れるように。雄淵(滝)までの道をつくった。

上勝町◎徳島県

ワーキングホリデーを体験する里山

里山に泊まって農作業や林業を自らの体で覚える

ワーキングホリデーという体験をご存知だろうか？　農業や林業に携わる人と一緒に、農作業を手伝ったり、林業を体験することで、農業や林業という仕事のもつ意味を考え、自然とともにある生活に触れる体験のことである。

徳島県の上勝町《かみかつちょう》は、このワーキングホリデー体験を積極的に進めている里山である。上勝町は人口約2200人と、四国で

(右上) 9月には稲刈りをし、刈り取ったあとの田んぼに作った棚に稲をかける「はでかけ」を体験。
(右下) 森林づくりボランティア体験も実施している。下刈り作業で汗を流し、広葉樹の植林も体験する。
(左上) 春の上勝町の風景。陽光の中、新しい芽吹きがはじまり、力強い里山の夏へと変わっていく。
(左下) 徳島県特産のスダチ採りを体験。単調な仕事だけに根気のいる作業でもある。

一番人口の少ない「町」。この上勝町が集落再生懇談会の中で、希望のあった集落を対象に、都市と農村の新たな交流、そして「交流」から「定住」への取り組みのひとつとしてスタートさせたのが、「上勝町ワーキングホリデー」だった。

仕組みはいたって簡単。参加者は「上勝町農家の農作業・里山作業を手伝うこと。交通費は自己負担」、受け入れ農家は「農作業・里山作業の方法を教え、宿泊と食事を提供する」というもの。当初、第1次、第2次と各20名の参加者を募集したところ、それぞれ2倍近くの応募があった。以来、年2～3回のペースで行われており、多くの参加者が2泊3日あるいは3泊4日のワーキングホリデー体験を経験している。

上勝町のワーキングホリデー体験は、多彩である。農作業体験では、畑の手入れや稲刈りを体験する。また、野菜や果樹の収穫、鶏の世話などもある。林業体験では、下草刈り、枝打ちなどの伐採作業、地拵《じごしら》え、広葉樹の植林など。また、ログハウス造り体験や、ほとんど手つかずだった野山の中を通れるように整備する道づくり作業体験、さらに山村の周囲の環境調査体験と、幅広い。

樫原地区に広がる棚田。けっして環境的に恵まれているわけではない地形だからこそ、知恵と力をかけて山肌を開墾してきた。

(右上)棚田の美しさは、自然との永い戦いの歴史でもある。生きるための手段として耕地を造成し、急な山上まで石積みの棚田をつくる。幾度となく崩れては、積み上げてきた不屈の歴史である。
(右下)棚田に水を張り、耕していく。その年の、新しい農作業のはじまりの時がゆっくりと流れる。
(左上)慈眼寺は、四国霊場20番目・鶴林寺の奥の院。桜、ツツジ、紅葉の名所として、四国巡礼の人たちが多く訪れる。
(左下)上勝町の奥へ。町の西に位置する殿川内渓谷は、渓流沿いの新緑や紅葉が美しい。渓流釣りのポイントとしても人気がある。

(上)自然の深い緑と棚田の鮮やかな緑が織り成すコントラストは、上勝町の祖先から今の人たちへと受け継がれてきた里山の光景である。
(左上)森林ボランティアを通じて、森の知識をいっぱい吸収する。それは、自分の目と体で知る生きた体験学習。
(左下)ログハウス造りにも挑戦。間伐材や県産材の活用だけでなく、家の仕組みを実地で目の当たりにできる貴重な体験となった。

もっと長くいたかった、違う仕事も覚えたいという参加者の声

ワーキングホリデー体験の参加者は、この体験期間中、それぞれの作業に応じた班に分かれて農家に泊り込む。観光やレジャー気分ではなく、真剣に農作業や林業に取り組む本格的なものである。参加資格も、16歳以上ならば誰でも歓迎と書いてあるが、「誠意をもって農家の手助けをしてくれる方」「若者のこころを持ち、上勝町の自然・里山・農村を愛する人」と、はっきりうたわれている。

ワーキングホリデー体験に参加した人の声も、里山体験の楽しさや有意義性を評価する意見が多い。

「皆さんに良くしていただいた。良くしていただき過ぎて、労働で返せなかった気がします」

「日程が短いと思う。もっと働きたい。四季によって作業内容、多忙期等があると思うので違う仕事もしてみたい」

「滝の水を汲み、焚き火でお湯を沸かして〝生茶〟をつくったのが楽しかった」

「来るまでは2泊3日は長いかなぁと思っていたが、いざ始まるとすごく短かった。受け入れ側の方にかわいがってもらい、徳島のお父さん、お母さんができたみたい」

上勝町は、自然の美しい町である。その分、自然は、深く、厳しい。上勝町の人たちは、長い間その自然と戦い、共生してきた。急峻《きゅうしゅん》な山肌に刻まれた棚《たな》田《だ》は、上勝町の風景を象徴するものの一つである。

ワーキングホリデー体験は、そんな里山に新しい風景を刻む次世代への試みが始まったことを意味している。

上勝町
●交通／JR徳島駅から国道50号線を経由して県道16号線へ。**ワーキングホリデー体験**●内容／上勝町農家の農作業・里山作業のお手伝い。●期日／春・秋に計2～3回(具体的な日時は現地にお問い合わせください)●期間／2泊3日もしくは3泊4日●費用／交通費自己負担、宿泊・食事は無料、交流会費用2000円●募集人員／各回20名。**森林づくりボランティア**●期日／具体的な日時は現地にお問い合わせください●期間／1泊2日●費用／5000円(宿泊費等)●問い合わせ先／上勝町役場まちづくり推進課または産業課TEL:0885-46-0111

写真協力：上勝町役場産業課

毎年８月に開催される長与町のペーロン大会。トップをめざして若者たちが力いっぱい漕ぐ。

長与町◎長崎県

ペーロンが漕げる里海

夏の海を疾走するペーロン競漕

コバルトブルーの海原を、波をけたてて何隻《せき》もの舟が競い合って漕いでいく。その勇壮な祭りは、夏の長崎を代表する風物詩として知られる「ペーロン競漕《きょうそう》」である。

ペーロンとは、白龍（パイロン）がなまったもので、中国から伝わった船のこと。極彩色に彩られたペーロンに、地区ごとの若者が漕ぎ手として乗り込み、一番先にゴールすることを競い合う、にぎやかでいかにも長崎らしい祭りである。

このペーロン競漕は、江戸時代の明暦元年（１６５５）に始まったといわれている。長崎は昔から大陸や南蛮貿易の窓口として、中国や朝鮮半島の文化が流れ込み、異国情緒あふれる土地柄だった。数多くのジャンクや帆船が行き来していたが、明暦元年に長崎港に停泊していた唐船が暴風雨に襲われて難破し、多くの犠牲者を出した。そこで在留の唐人たちが、海神《かいじん》の怒りを鎮めようと、はしけを借り集めて、長崎港で競漕したことが始まりといわれている。

その後、長崎地方の各地では、大漁祈願のためのもの、竜神祭りと称するもの、あるいは「足洗い」と称して田植えが済んだあとに行うものなど、さまざまな名目のもとにペーロン競漕が行われてきた。

現在では、6月初めから8月中旬まで、長崎各地、各町内でペーロン競漕が実施される。

7月下旬もしくは8月上旬には、各地区の選抜チームが長崎港に集まる「長崎ペーロン選手権大会」が行われ、覇を競う。

(上) 長与町は、大村湾の波静かな入り江に面している。その入り江に面した長与港がペーロン大会やペーロン体験の会場となる。
ペーロン競漕は、かつて旧暦５月の端午の節句に行われた男の海祭りで、血気盛んな祭りであるために、江戸時代にはケンカ沙汰もよくあったらしい。そこで長崎奉行が、たびたび禁止令が出すほどだったという。今ではそのようなことはないが、若者のペーロンにかけるエネルギッシュな熱気は今に受け継がれている。
ペーロン競漕に使われる船の長さは、以前は約20mのものから45m級の大型船まで色々あったが、今日では45尺(約13.6m)に定められている。
(左) 長与港には連絡船の発着場があり、近隣の町との間を結んでいる。汽笛を鳴らし、静かな湾内へと出航していく船は、里海に暮らす人びとの日常の足となっている。

緑に囲まれた長与町。公園の隣にあるカラフルな建物は、ペーロンを格納している倉庫となっている。

ペーロン競漕のクライマックスである。

自分の手で櫂を漕ぐ興奮、「体験ペーロン」

そのペーロンを見るだけでなく、実際に漕いで見ないとわからないライブ感覚の興奮を味わうことができるのが、長与《ながよ》町で行われている「体験ペーロン」である。

長与町は、昔からペーロンと縁の深い里だった。8月に行われる長与町のペーロン大会だけでなく、5月には「舟津ペーロン」がある。初節句を迎えた男児が健やかに成長することを願って、ペーロンに乗せる風習である。

「体験ペーロン」が行われるのは、4月〜9月の6ヵ月間。地元の小学生も体験学習として取り組んでおり、毎年、さまざまな年齢層の人たちが集まってくる。

ペーロン体験は、歓迎レセプションから、レッスン、そして最後にレースを体験するプログラムになっている。初めにペーロンの知識の簡単な講習があり、そのあと実際にペーロンに乗り込んでレッスン開始。ペーロン1隻には26〜28人が乗り込む。銅鑼《どら》と太鼓のリズムに合わせて櫂《かい》を漕ぐ。保存会のメンバーが一緒に乗り込んで教えてくれるので、まごつくことも少ない。最後は、待望のペーロン競漕。保存会スタッフが舵取りと銅鑼叩きでリードしながら、みんなで力を合わせて櫂を漕ぐ。

ペーロン体験は、まず陸上で櫂の漕ぎ方などを教えてもらう。

(左ページ上)さっそく、ペーロンに乗り込んで。保存会のメンバーも一緒に乗り込んで、ていねいに教えてくれる。
(左ページ下)ペーロン体験の最後は、ペーロン競漕。保存会のメンバーが舵を取り、銅鑼と太鼓を鳴らし、リズミカルに漕いでいく。

PLOVER-V
PLOVE
長
長与

長与町に伝わる郷土芸能の数々。吉無田の「獅子舞」(左)と、祇園祭で演じられる「なぎなた踊」(右)。

(右)本川内の「琴の尾太鼓」。江戸時代の元禄期から伝わる大太鼓（一説には現役の太鼓としては最古とも）を中心に、和太鼓による組太鼓を編成し、新しい郷土芸能として生まれた。
(上)長与は、ミカンの産地として200年の歴史をもつ里でもある。

長与川の両側に家が建ち並ぶ。川とともにある里、長与町の風景である。

なかなかうまくリズムに合わないのもご愛嬌というところ。ゴール後は、歓声と笑顔にあふれる爽快な時間が待っている。

「体験ペーロン」が行われるのは、8月のペーロン大会が行われるのと同じ場所。目の前には鏡のように静かな大村湾と、その先に半島を遠望できる風光明媚なエリアである。

長与川流域に数多くの郷土芸能が伝えられてきた

大村湾から橋を渡って町に戻ると、長与のもう一つの顔が見えてくる。長与町は、長与川に沿って町並がつづく、川の町でもある。いくつもの橋が架かり、川に面した民家が風情を醸し出している。

その長与町は、いろいろな郷土芸能が伝えられている里でもある。町内の各地区ごとに特色のある祭りがあり、それぞれが盛んに行われている。

長与町の祇園祭の先触れとして演じられるものに「なぎなた踊」がある。なぎなた術に棒術を取り入れた4つの型を踊りとして表したもので、かつては青年、今は少年たちが演じている。

吉無田には「獅子舞」が伝えられている。昭和46年には全国青年大会郷土芸能の部で優秀賞を受賞した経歴をもつ。獅子は2人組で操り、1人が頭と前脚、もう1人が胴と後脚を受け持ち、クライマックスには肩車を組んで曲芸並みの大きな演技を見せる。

この他にも、道の尾地区の「獅子おどり」、西高田地区の「にわか」、本川内地区の「琴の尾太鼓」、斉藤地区の「竜踊」などもある。

夏のペーロン、そして四季折々の郷土芸能と、長与町は体験して見て楽しいイベントが盛りだくさんの里である。

長与町

●交通／JR長崎本線長与駅下車。車では長崎自動車道長崎多良見ICから長崎バイパス、川平有料道路長与ランプへ。**体験ペーロン**●期間／4月～9月（9:00～17:00）●料金1300円（要予約、1ヵ月前までに）体験時間●1時間30分～2時間●問い合わせ先／長与町役場企画振興部地域政策課TEL:095-883-1111

写真協力：長与町役場広報秘書課

日置市東市来町◎鹿児島県

薩摩焼作りが体験できる里山

薩摩焼の代表格、沈壽官窯の壁には、白薩摩と黒薩摩がさりげなく置かれている。

400年の歴史が生んだ二つの薩摩焼

黒薩摩《さつま》、白薩摩。これは鹿児島県の誇る焼き物「薩摩焼」の種類を指す言葉である。

黒薩摩は、薩摩焼そのものの地の色、つまり土の色を生かしたもので、主に瓶や食器など、日常の生活道具として使われてきた。焼酎を飲むときに使われる「じょか」と呼ばれる鹿児島独特の酒器などでもおなじみの、深い黒色の肌合いをもつ焼き物である。

もう一つの白薩摩は、本来の黒薩摩の上に上薬をかけ、白く焼き上げたもので、こちらは、

(右上)沈壽官窯の敷地内には李朝様式の建物もあり、エキゾチックな雰囲気を醸し出している。
(右下)広場のある小高い丘から見る美山の町。木々や竹に囲まれた焼き物の里であることがよくわかる。
(左上)美山陶遊館の中にある「四百年窯」。薩摩焼400年を記念してつくられた登り窯。
(左下)竹林と窯。竹の里でもある美山らしい風景。登り窯は窯元の指導で使うこともできる。

かつて武士階級が使っていたもの。玉のような肌に、きらびやかな絵柄や精巧な透彫《すかしぼり》が施されている。

薩摩焼きの歴史は古く、安土桃山時代にさかのぼる。慶長3年(1598)、第十七代藩主島津義弘《しまづよしひろ》公が、朝鮮から陶工約80人を連れ帰り、藩の庇護《ひご》のもと、窯を開かせたことから始まった。その陶工が定住し、代々薩摩焼を作りつづけてきた里が、東市来町《ひがしいちきちょう》の美山《みやま》である。

美山は、まさに窯元の里である。数百m四方のエリアに、十数軒の窯元が点在する。その中には、当代で15代目となる沈壽《ちんじゅ》官《かん》窯のような歴史を誇る窯元もある。庭園かと見間違うほどの広い敷地には李朝様式の建物や工房、展示館などが建ち並んでいる。沈壽官窯が作り出す薩摩焼は、日常の器から精緻な工芸品まで幅広い。その作品は国内のみならず、海外でも高く評価され、12代が明治6年(1873)のオーストリア万博に出品した大花瓶一対は、大きな賞賛を博し、一躍「SATSUMA WARE(薩摩焼)」の名は世界中に広まった。昭和45年(1970)の大阪万博にも、14代が大花瓶を出品し、沈壽官の名と薩摩焼の高い技術を改めて知らせることになった。

(上)美山陶遊館。美山の窯元の作品展示コーナーや、陶芸教室のスペースを備えている。
(右下)美山陶遊館内の陶芸教室用スペース。陶工のアドバイスを受けながら、ろくろ体験や手ひねり体験ができる。
(左下)毎年11月に開催される美山窯元祭りには、大勢の人が訪れる。

(右)美山窯元祭りでも、薩摩焼体験広場でろくろや手ひねり、絵付けなどの体験ができる。初心者や子どもたちでも、名工の手ほどきで作品を作ることができるので、楽しい思い出体験となることだろう。
(左)東市来町のもう1つの名産は、海産物。とくに「いりこ」は江口漁港の水揚げの半分を占め、品質が高いことから、多くの人が買い求めに来る。

江口漁港は、魚種の豊かな東シナ海に面し、タイやサワラ、アジ、イカなど活きのいい魚が水揚げされる。

陶芸教室や陶器祭りで薩摩焼を体験

東市来という焼き物の里は、竹林の美しい里でもある。いたるところに竹林があり、その中を小道がつづいている。その途中に、陶芸体験のできる「美山陶遊館《とうゆうかん》」がある。

ホールでは窯元の作品を展示しており、その奥には体験教室のスペースがある。陶芸体験は事前の予約が必要だが、陶工の指導を受けながら、ろくろ体験や手ひねり（土を手でこねて造形するもの）体験を通じて、自分だけの薩摩焼を作ることができる。

毎年11月初旬に開催される「美山窯元祭り」でも、ろくろや手ひねり、絵付けを体験でき、多くの人たちでにぎわう。

江口浜では地曳き網体験も

東市来町の体験は、陶芸だけではなく、海岸での楽しみもある。美山から海辺の江口浜、その先の江口漁港まで車で15分程度。漁獲高の半分以上を占める「いりこ」は、東市来町の特産品として知られている。

漁港の南に位置する江口浜は、サーフィンやウィンドサーフィンなどのメッカとして知られ、若者たちでにぎわっているが、それだけではなく地曳き網体験ができることも人気のあるポイントの一つ。事前予約が必要だが、夏休みなどには家族連れで地曳き網体験に歓声を上げる姿が見られる。

江口浜の目の前には、東シナ海の大海原が広がり、雄大な水平線を描いている――。

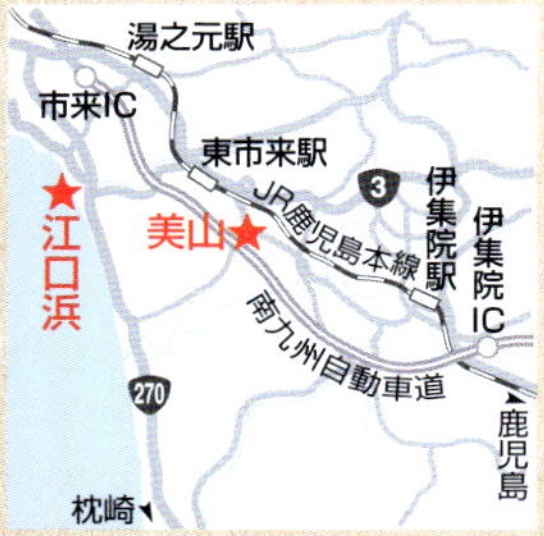

日置市東市来町

●交通／JR鹿児島本線東市来駅下車。車では南九州自動車道市来ICから県道へ。 **美山陶遊館**●営業時間／8:30〜17:00●休館日／月曜●陶芸体験料金／ろくろ体験1995円、手ひねり体験1470円（要予約）●問い合わせ先／TEL:099-274-5778 **地曳き網体験**●問い合わせ先／日置市東市来支所地域振興課TEL:099-274-2111（網元の紹介）

写真協力：日置市役所商工観光課

(上) 東村の背後にそびえる玉辻山。山頂からは亜熱帯照葉樹林が眼下に見える。
(右) ノグチゲラ。沖縄本島北部だけに生息するキツツキ科の鳥。国の天然記念物に指定されている。
(中) 天然記念物のヤンバルクイナ。「日本版レッドデータブック」には、絶滅の危機にさらされている種として挙げられている。
(左) やんばるに生息するリュウキュウヤマガメも、天然記念物。こちらは絶滅が危ぶまれる種だ。

東村◎沖縄県

やんばるの自然を体験できる里山

貴重な自然と共存するやんばるの村

沖縄本島北部、国頭《くにがみ》山地の東側に、平良《たいら》湾を抱えて広がる東村《ひがしそん》。国頭山地の山々が海沿いまで迫り、村の約70％が林野だ。このあたりは「やんばる＝山原」と呼ばれ、地球上でも狭い範囲に限定された貴重な亜熱帯の森がある。

ここには、ノグチゲラ、ヤンバルクイナ、ヤンバルテナガコガネというやんばるの地域固有種をはじめ、多種多様な生物が狭い範囲で暮らしている。

貴重な生物の生息する場所ではあるが、ここはまた村人の生活に欠かせない場所でもある。

山では、シイタケ栽培や林業が行われ、福地川上流と、新川川上流には、ダムが造られている。また、東村の北部には、世界初の海水揚水発電所が造られている。

一方、海に目を転じれば、慶佐次《げさし》川河口から上流に向かってヒルギ林が繁る。

ヒルギとは、マングローブ林の中心になる植物だ。マングローブは森林の型名で、熱帯から亜熱帯の海水と淡水が混ざり合う河口近くにできる林である。マングローブを構成する木は約80種類あるといわれている。

その中で慶佐次川に生えているのは、ヤエヤマヒルギ、オヒルギ、メヒルギの3種類のヒルギ。とくにヤエヤマヒルギは分布の北限にあたり、大切に保護するために、昭和34年（1959）、当時の琉球政府が天然記念物に指定した。沖縄が祖国復帰し、昭和47年（1972）に国の天然記念物に指定された。

林の広さは約10haで、ミナミトビハゼやノコギリガサミ、カワセミなど多くの生物も見ることができる。

(右上)玉辻山トレッキング。ガイドの説明に、自然の豊かさや守ることの大切さを実感。

(右下)ヒルギの林に沿って、カヌーを漕ぐ。まるでジャングル探検だ。

(中)ヒルギの林から海へカヌーで漕ぎ出し、川と海の違いを体験する。

(左上)ふれあいヒルギ公園の遊歩道からヒルギ林を観察。

(左下)水中メガネで慶佐次川の生物を観察。

(右上・左上)鬱蒼とした亜熱帯照葉樹林のトレッキングでは、ヤンバルクイナなどの貴重な生物に出合えるかもしれない。
(右下・中)大正2年に建てられた豪農住宅の「築登之家(チクドゥンヤー)」。奄美大島から取り寄せたイヌマキ材を使い、屋根は赤瓦ぶき。当時としては珍しい地下貯蔵庫もある。今は修学旅行の宿泊に使われたりしている。
(左下)慶佐次の集落の入り口で睨みを利かせる守り神シーサー。

(左)干潮時のヒルギ。すっかり根が露出している。　(右)ヒルギの根にとまって、川魚やザリガニを狙うカワセミ。

(上)ふれあいヒルギ公園では、カヌー体験や遊歩道、展望台からヒルギの林を観察できる。
(右下)カヌーで海に出ると、自然はあまりにも大きく、人間が小さな存在に思えてくる。
(左)ヒルギ林の湿地に住むトントンミー。トントンミーはミナミトビハゼのこと。

川に沿ってつづくヒルギ林。この貴重な自然を守っていかなくてはいけない。

ヒルギ林で自然を大切にする気持ちを再確認

豊かな自然をもつ東村では、エコツーリズムが盛んだ。現在、東村エコツーリズム協会を中心に、7つの団体がエコツアーを実施している。

その一つ、「やんばる自然塾」は、東村エコツーリズム協会を立ち上げ、現在顧問をしている島袋徳和さんを塾長とする。ここでは、カヌーでヒルギ林に入って間近で観察するプログラムをメインに、約20のプログラムを実施。参加者は友だち同士や家族といった個人参加のほか、修学旅行の一環として参加するケースも多い。

「本土とは違う自然を目の当たりにして、参加者は大人も子どもも一様に興奮し、感動しています。帰ってからメールをくれる人が多いのですが、みんな一様に『楽しかった』『よい経験になった』と言ってくれるので、やりがいがありますね」と、島袋さんは顔をほころばせる。

ただ、エコツーリズムはボランティアではない。活動で得た利益で自然を守る活動をするというのが主旨だ。そのためには、参加者がいかに満足してくれるかはとても重要なポイントだ。参加した人たちに満足してもらえるよう、スタッフは時間をつくっては勉強会を開いている。だが、それだけで終わってはいけないとも言う。

「次の時代の地球を守るのは、子どもたちです。彼らに自然の大切さ、自然を維持していくことの重要性を実感してもらうことが、エコツーリズムの使命。現在もツアーの最後には環境に関する話をしていますが、今後はさらに積極的に環境保全に関するプログラムを増やしていく必要があると思っています」

東村の豊かな自然は、それにふさわしい舞台である。

東村

●交通／那覇空港から国道58号線、源河から県道14号線経由国道331号線へ。 **やんばる自然塾**

●問い合わせ先／TEL：0980-43-2571 **東村役場企画観光課**

●問い合わせ先／TEL：0980-43-2201

写真協力：東村役場企画観光課、やんばる自然塾

日本の音風景百選④
四国・九州・沖縄編

平成8年(1996)環境庁選定

自然の音、生物の音、生活の音、
そして人の声。
地域のシンボルとして、
将来に残していきたい
“音の聞こえる環境”、それが「音風景」。
全国から選ばれた音風景は、
音が紡ぐ里山のもうひとつの風景です。

満濃池のゆるぬきとせせらぎ

所在地:香川県仲多度郡まんのう町
時期:6月13日から1週間程度

「満濃池のゆるぬき」とは田植えのため池の取水栓「ゆる」を取ること。豊作を祈る儀式でもある。満濃池の歴史は古く、空海がこの池を修築したという言い伝えも残されている。ゆるが抜かれて勢いよく噴き出す水、せせらぎとなって流れる音はこの地の夏の風物詩だ。

道後温泉振鷺閣の刻太鼓

所在地:愛媛県松山市
時期:通年

日本最古の温泉地として名高い道後温泉。その中心が明治時代に建てられた風格ある道後温泉本館だ。その屋上には太鼓楼の振鷺閣があり、毎朝6時30分に時の太鼓が鳴らされる。湯治客はその音を合図に朝湯に来るのだ。太鼓は正午と夕方6時にも鳴らされる。

室戸岬・御厨人窟の波音

所在地:高知県室戸市
時期:通年

日本八景の一つ、高知県の南端に位置する室戸岬は、豪快に黒潮の荒波が岩礁を洗うダイナミックな光景が広がる岬だ。御厨人窟はその先端にある岩窟で、中に入ると岩に砕ける波音やゴーッという海鳴りが聞こえてくる。土佐らしい迫力にあふれた音風景である。

鳴門の渦潮

所在地:徳島県鳴門市
時期:春と秋の大潮の時

渦潮ができる鳴門海峡は鳴門市と淡路島の間にある狭い海峡である。潮の満ち引きや海底の地形などのため海面には大きな渦が発生する。とくに春と秋の大潮の時には渦は最大に達する。直径20m、時速20kmほどにもなる渦が、ゴォーッとうなりをあげる様は圧巻だ。

阿波踊り

所在地:徳島県徳島市、他
時期:8月12〜15日

「踊る阿呆に見る阿呆…」で有名な「阿波の殿様蜂須賀公が今に残せし」阿波踊りは、整然と華麗に舞う女踊りと個性あふれる激しい男踊りが特徴。老いも若きも踊りに酔いしれ、にぎやかな三味線とお囃子が祭りを熱く盛り立てる。夏、徳島は阿波踊り一色に染まる。

大窪寺の鐘とお遍路さんの鈴

所在地:香川県さぬき市
時期:通年

大窪寺は四国霊場八十八ヵ所の遍路路最後の霊場として知られている。今も白装束に身を包み、金剛杖の鈴を鳴らしながら、お遍路さんが険しい山道を越え、この寺へやってくる。満願成就に突く鐘の音は清らかに山と人の心に響く。とくに春と秋には多くのお遍路さんが四国を訪れている。

通潤橋の放水

所在地：熊本県上益城郡山都町
時期：5〜6月を除く通年

自然豊かな山都町には多くの滝と大小17の石橋がある。140年間田畑を潤してきた水道橋の通潤橋もその一つ。まるで天空に架けられたような美しい石橋だ。放水時には橋の中央から水がほとばしり、谷底に轟音を轟かせる。重厚な石橋と景観が合わさり、実に壮観だ。

五和の海のイルカ

所在地：熊本県天草市
時期：通年

キリシタン殉教の史跡や天主堂が点在する天草下島。五和の海には珍しいバンドウイルカの野生の群れが見られる。人なつこい性質の彼らは、漁船に寄ってきて愛らしい姿と声を披露してくれる。船と戯れる彼らの姿は、自然との共存の大切さを教えてくれているようだ。

小鹿田皿山の唐臼

所在地：大分県日田市
時期：通年

日田市の山間にある小鹿田皿山は300年続く小鹿田焼の里。唐臼はこの焼き物の陶土を挽くための道具で、水力を使ってつく珍しい臼だ。水流を受けて杵が臼の中の陶土をつく「ギー、ゴトン」というリズミカルな音。里山にのどかに響く、心豊かな音である。

唐津くんちの曳山囃子

所在地：佐賀県唐津市
時期：11月2〜5日

唐津くんちとは約400年の伝統をもつ唐津神社の秋祭りのこと。最大の見所は14台の巨大・華麗な曳山で、鉦や太鼓のにぎやかな囃子方に、力いっぱいに曳山を引く威勢のいいかけ声が入り混じり、町は熱気と喧噪に包まれる。10月からは町角で練習風景が見られる。

伊万里の焼き物の音

所在地：佐賀県伊万里市
時期：通年

伊万里焼は鍋島藩窯として江戸時代に隆盛を極め、天下に名だたる名品を生み出してきた名窯だ。大川内山の丘陵地に設けられた「鍋島藩窯公園」では、工房から石臼やろくろの音、窯に火が入る音などが聞こえてくる。受け継がれる伝統の技が醸し出す音風景だ。

山王神社被爆の楠の木

所在地：長崎県長崎市
時期：通年

長崎の原爆で被爆した２本の楠は、同じく１本足になった片足鳥居で有名な山王神社境内にある。被爆で枯れたかに思われた楠は数年後奇跡的に芽を吹いた。風にざわめく楠の下に立つと、戦争の悲惨さとともに命の大切さを実感させられる。貴重な原爆の生き証人である。

博多祇園山笠の舁き山笠

所在地：福岡県福岡市
時期：7月10〜15日

祇園山笠の絢爛たる山笠は７月10日の「流れ舁き」から動き出す。13世紀、夏の疫病払いのために始められたといわれるこの祭りは、やがて町同士で競い合う「舁き山」が主体の祭りとなった。山笠を担ぐ男たちの熱気と、勇壮なかけ声が町に響きわたる豪快な祭りだ。

観世音寺の鐘

所在地：福岡県太宰府市
時期：毎月18日、大晦日

太宰府は菅原道真公ゆかりの歴史の町。その道真公が歌に詠んだ観世音寺の鐘は、698年につくられた京都の妙心寺にある鐘の兄弟鐘といわれ、日本最古の鐘の一つに数えられる。毎月18日の午後１時と大晦日、この悠久の時を刻んできた鐘の音を聞くことができる。

関門海峡の潮騒と汽笛

所在地：福岡県北九州市、山口県下関市
時期：通年

鳴門の渦潮同様、瀬戸の内海と外海の日本海との潮位の差は、関門海峡でも激しい潮の流れを引き起こす。激しく波音をたて刻々と変化する潮流は、時に時速16kmにも達して行き交う船を翻弄する。壇ノ浦の合戦の舞台となった海に聞こえる波音と汽笛が幻想的だ。

後良川周辺の亜熱帯林の生き物

所在地：沖縄県八重山郡竹富町
時期：通年

島の９割が原生林で覆われ、イリオモテヤマネコを頂点に多種多様な生き物が生息する西表島。なかでも後良川の河口にはマングローブの林が広がり美しい景観を見せる。森の中からは小鳥や小動物、木々の音や水生生物のたてる水音など、豊かな自然の声が聞こえてくる。

エイサー

所在地：沖縄県うるま市
時期：旧暦7月15、16日

エイサーは旧盆に踊られる本土の盆踊りにあたる祭り。「屋慶名エイサー」「平敷屋エイサー」など沖縄本島の各地に独自のエイサーがある。三線や太鼓のリズムに合わせ「エイサー、エイサー」のかけ声とともに、常夏の沖縄で激しく情熱的な踊りが繰り広げられる。

系が残されている。野生鹿も多く、その鳴き声は夕方から朝にかけてよく聞くことができる。とくに秋の繁殖期になると、雄が雌を呼ぶ甲高い澄んだ鳴き声が山に響き渡り、美しい。

出水のツル

所在地：鹿児島県出水市
時期：10月中旬～3月中旬

出水平野の荒崎地区には毎年１万羽を超えるナベヅルやマナヅルが越冬のために飛来する。人里近くに警戒心の強いツルが集まる世界でも珍しい場所だ。大群がいっせいに鳴きかわす声や羽ばたく音は迫力満点。「ツル観察センター」からは保護地区を一望することができる。

千頭川の渓流とトロッコ

所在地：鹿児島県熊毛郡屋久町
時期：通年

樹齢7200年といわれる縄文杉をはじめ、屋久島には独特の原生林が生い茂る。森林鉄道のトロッコは以前は伐採木の搬出に使われていたが、今は倒木の搬出や発電所の管理用に活躍。千頭川の川音と橋を渡るトロッコの音が、深い静寂の森にのどかな音を響かせている。

岡城跡の松籟

所在地：大分県竹田市
時期：通年

松籟とは松の木が風に吹かれてたてる繊細優美な葉ずれの音のことである。ここ岡城跡の松籟は樹齢100年の老松によって奏でられる。滝廉太郎が「荒城の月」を作曲した時に眺めたという岡城跡の中秋の名月。その月夜に聞く松籟は、いっそう趣深いものがあることだろう。

三之宮峡の櫓の轟

所在地：宮崎県小林市
時期：通年

三之宮峡は巨岩、奇岩の変化に富んだ地形と水と緑が美しい景観を織りなす峡谷だ。「櫓の轟」とは「千畳岩」の近くで渓流が落差７mの狭く深い滝壺に落ち込む時にたてる音のこと。静かな川音が滝を見下ろす場所で瀑音に変わることから名づけられたという。

えびの高原の野生鹿

所在地：宮崎県えびの市
時期：通年

霧島屋久国立公園内に位置するえびの高原は自然林に覆われ、豊かな野生動物の生態

その他の、体験できる里山・里海

今までご紹介した以外にも、日本には数多くの里山や里海があります。ここでは、その中から体験できる里山やその土地ならではの文化に出合える里山・里海を約80ヵ所選んでみました。

北海道

北海道稚内市宗谷村

日本の最北端でエコロジー体験

宗谷岬は、宗谷海峡を漁場とする漁業と、丘陵地には肉牛牧場や酪農場（畜産業）がある豊かな海山物の産地。この宗谷岬で手に入る自然エネルギーを利用した簡素な生活を体験できるのが「えころっじ」だ。宗谷岬産の食材で食事をし、人間の排泄物も「バイオトイレ」で有機堆肥に変える。人工の音や光のない環境に身をおき、星の観察をしたり動植物の声に耳を傾けたりして、日常の生活のなかでは気がつかない自然を感じてみよう。

http://www.hkd.mlit.go.jp/zigyoka/z_nogyo/wagamura/contest/02/exchange/2h_81/index.html

北海道中川郡美深町

廃線になった本物の線路でトロッコを運転する

旭川の北約100kmに位置する美深町に、全国的にも珍しい“体験観光特区”トロッコ王国がある。ここでは、昭和60年に廃線になった国鉄・美幸線の線路往復約10kmを利用し、エンジン付きトロッコを自分で運転することができる。運行期間は4月末から10月下旬まで。線路上とはいえ時速20kmで走るので、追突事故防止のため運転は普通免許を持っている人に限られる。待ち時間には、まわりの大自然の風景を楽しみながら会員手作りの竹馬で遊べる。

http://www.town.bifuka.hokkaido.jp/

北海道釧路市阿寒町

アイヌ民族の歴史や暮らしに思いを馳せる

北海道の東、阿寒湖のほとりに阿寒湖アイヌコタンがある。ここは戸数36、人口約200名と北海道一大きなアイヌの村だ。ここでは、自然と共生して暮らす独特の文化をもったアイヌの伝統工芸を体験することができる。魔よけとして発展したアイヌ模様の刺繍や木彫りを習ったり、アイヌ民族の伝統楽器ムックリ（口琴）の基本的な弾き方を学ぶとともに、雨だれの音、小熊の鳴き声、風の音など自然界の情景を奏でた演奏に耳をすませてみよう。

http://www.marimo.or.jp/~akanainu/

東北

青森県五所川原市金木町

奥津軽の雪原で地吹雪を体験する

津軽半島のほぼ中央に位置する金木町は、太宰治の出身地として知られる。田園地帯でさえぎるものが何もないこの地域の地吹雪は、いったん吹き出すと自分の足元さえ見えないほどの激しさだ。この奥津軽の冬の厳しい気候を逆手にとり、雪国を知らない人びとに体験してもらおうと企画されたのが「雪国地吹雪体験」。昔ながらの、もんぺ、わらぐつ、かんじきを身につけ、津軽平野を歩いたり、馬そりに乗るなど、冬の津軽を満喫できる。

http://www.jomon.ne.jp/~oldpine/jifubuki.html

秋田県仙北市田沢湖卒田

都会の中・高生と農家が里山体験を通じて交流する

劇団「わらび座」はその幅広い活動の一つとして、昭和52年から都市農村交流をプロデュースしている。受け入れ農家は20市町村にまたがり年間300軒余り。年平均で10校、1500人の生徒を受け入れている。農業体験では、生徒たちは朝の仕事から夕食交流会までの1日をたっぷり働き、田植え、稲刈りなど仕事の一端を担う。温かいふれあいを通して、生徒たちは人間形成に欠かせない自然体験、労働体験をする一方、農家自身も成長し活力を高めていくという。

http://www.warabi.gr.jp/

秋田県仙北市角館町

雪の中に火の輪が踊る幻想的な火振りかまくらに参加する

「火振りかまくら」は、無病息災や五穀豊穣を願って行われる角館町の祭り。毎年2月13、14日に行われ、400年以上の伝統があるといわれる。「火振り」は、米俵に縄を結び、その米俵に火をつけ自分の体のまわりを振りまわす。神聖な火で田んぼの忌を祓う意味があるといわれ、火の残像がかまくらのように見えることからこのように呼ばれる。この祭りは見るだけでなく一般の人も受け入れるので、日ごろは体験できない迫力ある祭りにぜひ参加したい。
http://www.city.semboku.akita.jp/

岩手県九戸郡洋野町

新鮮な地元産ウニで「とれたてウニ丼作り体験」に挑戦

岩手県沿岸最北端に位置する洋野町(旧種市町)では、さまざまな海での体験ができる。海釣り、タコ漁、カニ漁、潮干狩り体験のほか、岩手県一の生産量を誇るウニを使って作る「とれたてウニ丼作り体験」というユニークなものもある。インストラクターの指導を受け、ウニを殻から取り出し、自分で作ったウニ丼を食べるのもまた格別だろう。他にも海洋センターでは、小型ヨットやカヌー、ウインドサーフィン、水上スキーなどが体験できる。
http://www.town.hirono.iwate.jp/

山形県最上郡金山町

名人に教わる「かんじき作り」と雪上トレッキング

かんじきは雪上を歩くときに、雪に埋まらないように使用する雪国の生活道具。足に浮き輪のようなかんじきをつけて歩けば、まるで忍者のように雪上をすいすい歩くことができる。「山形県遊学の森」では、かんじき作りを体験できる。山でとれる材料を使って、曲げたり、紐でしばったり。手作りのかんじきで雪上トレッキングに挑戦しよう。遊学の森では、四季を通して最上地域の豊かな自然や地域文化を活用したさまざまな体験プログラムを提供している。
http://www.vega.ne.jp/~yugaku/index.htm

宮城県大崎市岩出山

伊達藩御用達の「しの竹細工」を生活に取り入れる

しの竹細工は、1720年代、藩主伊達村泰公が京都から職人を呼んで、藩士の手仕事に奨励したのがはじまりといわれている伝統ある竹細工。柔軟で弾力のあるしの竹を、皮の部分を内側にし、水はけをよくするなど機能的な生活用具として作られ、人びとに愛用されてきた。竹工芸館では、底を廻し編みするところから始めて編み上げる本格的なしの竹細工を教えてもらえる。簡単な目かごや一輪挿しなど、初心者でも美しく仕上げることができる。
http://www.iwadeyama.miyagi-fsci.or.jp/

宮城県大崎市鳴子温泉

ろくろの音が響く出湯の里でこけし作り

こけしは今からおよそ200年前、奥山で椀や盆などを作る木地師たちが木を削り目鼻をつけ、わが子に与えたのがはじまりといわれている。鳴子温泉郷の鳴子のこけしは、愛らしいみちのくの乙女の姿を表現しているといわれ、独創的な前髪、肩の張り、安定感のある胸と胴のくびれの写実的な描彩などに、独特の味わいがある。町内のこけし店と資料館では、こけし作りの実演をしており、こけしの絵付けや、木地作り、ろくろ体験などを行っている。
http://www.naruko.gr.jp/

宮城県気仙沼市気仙沼湾

緑の真珠・大島で「島暮らし」を体験する

気仙沼湾に浮かぶ大島は、海抜235ｍの亀山から一望する島の姿が「緑の真珠」といわれ、陸中海岸国立公園と海中公園に指定されている。気仙沼から船で約30分のこの島では、さまざまな海の体験が楽しめる。漁師と一緒に行く船釣り、獲った魚を浜辺でバーベキューで味わえる地引網体験、さらには無人島体験や、ワカメ狩り、コンブ塩蔵作り、サンマ燻製作り、イカの塩辛作りなど、この島には都会では経験できない生活が待っている。

http://www.city.kesennuma.miyagi.jp/

福島県喜多方市山都町

山里の小さな集落で、そば通も唸る絶品そばを食べる

福島県の会津地方は古くからそばの産地として知られる。なかでもそば通をうならせるのが山都町のそば。飯豊連峰の麓に広がる冷涼な気候のなかで育つそばを、つなぎは一切使用しないで打つのが山都そばの特徴の一つ。山都町の宮古地区には昔ながらの民家の広い座敷を開放した造りの店が多く、遠方から訪れるファンも多い。町の「そばの里センター」には、そば資料館、そば伝承館などがあり、そば打ち体験もできる。

http://www.city.kitakata.fukushima.jp/

関東

茨城県下妻市長塚

雄大な筑波山を眺めながらヘラブナ釣り体験

筑波山を望む平野が広がる下妻市。下妻市を流れる鬼怒川の東約１kmにある砂沼には、年間２万人の釣り客が訪れる。関東鉄道常総線下妻駅で下車。砂沼までは、親鸞上人のお手植えといわれる菩提樹がある光明寺や、下妻神社の推定樹齢500年の大ケヤキなどを見ながら市街地を歩いて40分ほど。ヘラブナ釣りには券が必要で、湖畔の商店などで販売している。沼の周囲６kmには遊歩道が整備され、沼に架かる砂沼大橋からは沼や筑波山が一望できる。

http://www.kanko.pref.ibaraki.jp/

栃木県芳賀郡益子町

益子焼の窯元で思い思いの作品を作る陶芸体験

益子焼は江戸時代末期に始まるといわれている。以来、優れた陶土を産出すること、大都市東京に近いということから、鉢、水がめ、土瓶など日用品の産地として発展をとげ、その後、濱田庄司らの登場によって芸術品としての評価も高まった。現在、窯元は約400、陶器店は50軒。春と秋には大規模な陶器市が開かれる。現在の益子焼は、作家によってその作風は多種多様だが、いろいろな窯元で手びねりやろくろなどを使った陶芸体験ができる。

http://www.mta.mashiko.tochigi.jp/

群馬県利根郡みなかみ町

「たくみの里」をめぐり、昔ながらの手仕事を体験

群馬県北西部、利根川源流のみなかみ町には、昔ながらの手仕事を今に伝える「たくみの里」がある。24軒の「たくみの家」にはさまざまな伝統技をもつ匠がいて、訪れる人に手作りの技を伝授してくれる。そば打ち、こんにゃく作り、豆腐作り、わら細工、藍染め、木工作など、のどかな田園風景を散策しながら、いろいろな匠めぐりを楽しめる。たくみの里 総合案内所・豊楽館にはレンタサイクルもあるので便利。

http://takuminosato.or.jp/

埼玉県秩父市荒川

そばの花咲く山里で、石臼挽きのそばを打ち、味わう

荒川の上流、奥秩父の旧荒川村はそばの里。小さな村ながら120軒を超す栽培農家と約30軒のそば屋があり、毎年季節になると、白い可憐なそばの花で村全体が包まれる。もともと家庭で手打ちをしてきたという村では、現在でも石臼挽きの素朴な風味が楽しめる。「そば道場　あらかわ亭」で、そばを食べるだけでなく、そば打ち体験もしてみよう。また、この村はしだれ桜でも有名で、３月下旬から４月上旬には淡紅色の美しい風景が広がる。

http://www.ja-chichibu.jp/sobadoujyou.htm

埼玉県行田市

太古のロマンに思いを馳せて埴輪作りに挑戦

さきたま古墳群は、前方後円墳８基と円墳１基を中心とした、日本でも有数の大型古墳が群集する古墳群。そのなかの一つ、稲荷山古墳からは国宝の「金錯銘鉄剣」が出土している。現在では、古墳群を中心に「さきたま風土記の丘」として整備され、その中にある「はにわの館」で、埴輪作りが体験できる。係の人の指導のもと、細長くひも状にした粘土を輪にして重ねて作る。1ヵ月程乾燥させ窯で焼いてでき上がりとなる。

http://www.ksky.ne.jp/~sakitama/

千葉県習志野市

ラムサール条約に認定された干潟で野鳥観察

谷津干潟は、東京湾奥の広大な干潟が埋め立てられるなか、四方を住宅地と道路に囲まれ「海」として残されたところ。有機質に富んだ泥質干潟には多くの生物が生息しており、エサを求めて飛来する渡り鳥たちの姿が１年中絶えることはない。谷津干潟は平成５年６月にラムサール条約登録湿地として認定された。都市の中に残る世界的にも貴重な自然環境を理解してもらおうと、自然観察センターでは指導員による野鳥の解説を行っており、気軽に観察を楽しめる。

http://www.city.narashino.chiba.jp/

千葉県鴨川市

東京から日帰りできる大山千枚田のオーナーになる

「日本の棚田百選」に認定されている大山千枚田は東京から一番近い関東を代表する美しい棚田。大山千枚田保存会は平成12年から棚田のオーナー制度、翌年にはトラスト制度を導入。オーナー制度は自らが耕し使用するが、トラスト制度は日常の管理作業を保存会が行い、参加者は一定日に参加するというもの。これなら都市に生活する人も気軽に参加できる。この活動によってこの地にセカンドハウスを持つ人、定住する人も増えてきたという。

http://www.city.kamogawa.lg.jp/

千葉県君津市

復元された里山で幻想的なホタル鑑賞

清和県民の森は、房総半島の中央、高宕山、鹿野山、大塚山の山系に囲まれた、3200haもの面積をもつ広く自然豊かな森。その一角に「清和ほたるの里」がある。数年前から、地元有志がホタルを守るため、荒れていた山間の水路を改修したり、農薬の使用を制限するなどし、ホタルのエサであるカワニナを繁殖させ、里づくりを行ってきた。その結果、現在では1000匹ものホタルの幻想的な群舞を鑑賞することができる。

http://www.kanko.chuo.chiba.jp/kanko/

東京都八王子市宇津木町

伐採した竹で炭を焼き、東京の里山の保全を考える

平成４年、東京都の保全地域に指定された宇津木緑地保全地域は、市街化が進むなか、都会の中に残る貴重な自然地。5.2haの区域の半分はコナラ、クヌギの雑木林で、そのほか竹林、草地、果樹園、畑などがある。FOEジャパンでは、落ち葉かき、枯れ木の伐採、炭撒き土壌改良、竹の伐採など、この里山を再生する活動を行っている。伐採した竹を使い、「炭焼き１日体験教室」を開催。炭焼き名人の指導で、初めての人も気軽に炭焼きを体験できる。
http://www.foejapan.org/satoyama/

神奈川県横浜市青葉区寺家町

都市近郊の貴重な里山で、味噌作りやそば打ち体験

「寺家ふるさと村」は、昔ながらの横浜の田園風景が色濃く残る貴重な農村地域。開発が進んでいた昭和50年代、寺家町の豊かな自然を残し農業との調和をはかっていくために、この地域に「ふるさと村」の冠がつけられた。「ふるさと村」といっても、公園やつくられた施設ではなく、水田や畑では農作物の生産が行われ、生産された作物は地元で直売されている。村内の「四季の家」では、味噌作りやそば打ちが体験でき、季節によってメダカや野鳥の観察会が開かれる。
http://www.city.yokohama.jp/me/kankyou/green/furusatomura/jike_index.html

神奈川県津久井郡藤野町

森と湖の町で地元の人たちと一緒に里山体験

藤野町は、山々に囲まれた起伏に富んだ美しい町。町では、都会の人たちに町民と一緒に里山の暮らしを体験してもらい、心のリフレッシュとともに新しい交流をめざす「ふじの里山くらぶ」をつくり、年間を通してさまざまな取り組みをしている。春はタケノコ掘り、お茶の手づくり体験、夏は星の観察会、里山キャンプ、秋はワカサギ釣り、クリ、サツマイモ、山菜などの採取、冬は炭焼き、こんにゃく作り等々。藤野町には年間60万人もの人が訪れているという。
http://www.shokonet.or.jp/fujino-sato/

甲信越

山梨県南都留郡忍野村

富士の湧水池・忍野八海でそばを打つ、ほうとうを作る

富士山麓にある忍野村は、昔から寒冷地の気候に適したそば栽培が盛んだった。今も８月下旬から９月上旬には、そばの白い花が畑一面に咲く。また、村には、富士山の伏流水に水源を発するといわれる忍野八海がある。村の旅館や民宿では、風土が育てたそばの粉と富士からの清らかな湧水を使って、そば打ちを指導してくれる。同様に山梨名物ほうとう作りの体験もある。自分で打ったそばやほうとうを味わった後は、忍野八海の散策を楽しみたい。
http://www.yin.or.jp/user/oshino/

山梨県南巨摩郡早川町赤沢

江戸時代の信仰の里の面影を残す赤沢宿を歩く

険しい山々と渓谷に囲まれた小さな集落・赤沢宿は、日蓮宗総本山・身延山とかつての修験霊山・七面山を結ぶ参道の途中にある。身延山から赤沢まではおよそ４時間の道のりだ。現在も信仰登山客の宿場町として、白装束の参拝者が訪れる。文化庁指定の重要伝統的建造物群保存地区に選定され、江戸時代の風情を残した旅籠や石畳が守られている。赤沢宿の道をたどりながら、多くの参拝者たちでにぎわった時代に思いを馳せてみよう。
http://www.town.hayakawa.yamanashi.jp/

山梨県甲州市勝沼町

日本一のワインの里で自分だけのワインをつくる

甲州市勝沼町は、日本で最初に本格的なワイン醸造を始めた場所。日照時間が長く降水量が少ない、また昼と夜の気温差が大きい甲州盆地の気候は、ブドウ作りに最適な環境だ。町中にブドウ畑が広がり、数多くのワイナリーがひしめきあっている。「サッポロワイン(株)」では、2月から11月の５回の講習で、ブドウの栽培、収穫、ワインの仕込み作業、瓶詰めまで、実際にワインづくりを体験できる「マイワイン体験教室」があり、毎年好評を博している。
http://www.sapporobeer.jp/wine/

長野県飯田市

都市生活者と農村をつなぐワーキングホリデー

飯田市が全国に先駆けて取り組んでいるワーキングホリデーは、農業や農村に関心をもち、本気で農作業をしてみたいと希望する人と、繁忙期の手助けや後継者がほしい地元の農家をつなぐことを目的とした事業。寝食をともにして一緒に農作業をすることで、相互理解が深まり、お互いの暮らしを豊かにするのを目的にした取り組みだ。他にも、飯田市は周辺の町村とともに、小・中・高校の修学旅行を受け入れ、体験学習の普及にも努めている。
http://www.city.iida.nagano.jp/

長野県飯山市なべくら高原

市民インストラクターと一緒にさまざまな自然・農業体験ができる

鍋倉山の山麓に位置するなべくら高原。400haものブナ原生林など、手つかずの自然が残る美しい高原だ。この高原に、飯山市が都市農村交流活動の拠点の１つにしている「なべくら高原　森の家」がある。ここでは、豊かな自然のなかでのカヌー、そば打ち、ワラ細工、山菜採り、紙漉き、植物・星空・ホタル観察など、市民インストラクターによるさまざまな体験メニューを提供しており、周囲の農場での収穫体験、そばのオーナー制度にも取り組んでいる。
http://www.iiyama-catv.ne.jp/~morinoie/

新潟県上越市横畑

手作りかんじきでブナ林を散策する

かやぶきの古民家を拠点に、地元のおじいちゃんから昔ながらの「山かんじき」の作り方を教わり、完成したかんじきを履いて雪のブナ林で遊ぶ――。そんな雪国ならではの体験を企画しているのは、ＮＰＯ法人「かみえちご山里ファン倶楽部」。ここの宿泊プログラムは、秋と冬の2回セット。秋の〈型付け編〉では材料となる木を採って型を作り、冬の〈組み立て編〉でかんじきを組み立て森を散策するという本格的なもの。
http://homepage3.nifty.com/kamiechigo/

新潟県十日町市松之山地区

豪雪地帯で雪下ろしを体験する

新潟県十日町市の松之山は冬には６m近く雪が降り積もることもある日本でも有数の豪雪地帯。地元の人びとにとっては厄介者の雪を有効利用するために考え出されたイベントは、その名も「豪雪塾」。都会では絶対に体験できない屋根の雪下ろし、雪上のかんじき体験など、豪雪地帯ならではという体験メニューがそろっている。雪深い２月、１泊２日で一般民家に泊まり、地元町民と交流しながらの雪国体験は、都会の人びとにとって忘れられない思い出になるだろう。
http://www.matsunoyama.com/kankou/

石川県珠洲市

昔ながらの製法を守る奥能登の塩作り体験

能登地方の塩作りは約500年前から始まり、今もほとんど同じ方法で作られている。その製法は、砂を敷きつめた塩田に海水をまき、日にあてて水分を蒸発させる「揚げ浜式」といわれるもので、ミネラルを多く含むおいしい塩ができるという。この昔ながらの塩作りを体験できるのが、奥能登にある「塩田村」だ。体験できる期間は5月から9月。資料館で塩の歴史、役割をしっかり学び、体験塩田で昔の人びとの苦労や知恵を実感してみよう。
http://www.city.suzu.ishikawa.jp/

石川県七尾市沢野町

加賀百万石の献上品・沢野ゴボウを収穫し、味わう

七尾市の山間にある沢野町では、山の傾斜を利用して「沢野ゴボウ」を栽培している。このゴボウは、江戸時代には加賀百万石の名品として幕府にも献上されていた由緒あるものだ。粘土質の畑で作られるゴボウは、長さ１m、直径３cmにもなり、昔から、荒縄を腰に巻きつけ、引き抜く方法で収穫されていた。そんなゴボウ掘りの醍醐味を味わえるだけでなく、種まき、草むしり、囲炉裏を囲んでの食事など年間を通して交流できる。
http://www.tobikkiri-ishikawa.jp/

石川県小松市粟津温泉

山中ろくろの館で山中漆器の絵付けを体験する

16世紀末期に始まった山中漆器は、木地のろくろ技術にすぐれ、糸目ひき、千筋など多彩な加飾ひきが特徴だ。小松市粟津温泉にある「ゆのくにの森」の「山中ろくろの館」では、山中漆器の絵付けが体験できる。山中塗りで仕上げたお盆や手鏡に好みの絵柄をつけて、自分だけのオリジナル作品を作ってみよう。絵柄の型紙を転写して絵付けもできるので、誰でも気軽に挑戦できる。
http://www.yunokuni.jp/mori/index.html

福井県越前市粟田部町

囲炉裏のある農家に泊まって農業体験をする

粟田部町は、古くから和紙・繊維などの地場産業で発展し、コシヒカリ作りを中心に、農業も盛んな地域。この町は、当地特有のエコ・グリーンツーリズムを推進し、さまざまな農村体験、農業体験などができる。囲炉裏のある農家に泊まりサトイモを栽培する企画や、1年を通して参加するゴボウ栽培、ほかにも手織り、そば打ち、麹作り、自然薯掘り、こんにゃく作りなど、年間を通じ、ふるさと感覚で楽しめる体験ツアーが盛りだくさん。
http://www.gtimadate.org/

福井県三方郡美浜町

ダイナミックな引き網体験で漁師気分を味わう

日本海の恵みを受けた風光明媚な町、美浜町。この町では数々の漁業体験ができるが、なかでもダイナミックなのは大敷網（大型定置網）を使った漁だ。船は、まだ夜が明けぬ早朝４時半から５時半ごろ港を出発し、20分ほど沖へ行ったところにある漁場に到着する。そこで地元の漁師たちと一緒に大敷網を引き上げる。獲った魚は格安で買い取ることができ、民宿で調理してもらうこともできる。実施期間は4月中旬～10月中旬。
http://www.jf-net.ne.jp/fknyugyokyo/

東海

静岡県賀茂郡西伊豆町

天城の自然に育まれた本ワサビを味わう

西伊豆町の大沢里地区は、天城山系の山々に囲まれた緑深い里。木々に覆われた自然豊かなこの地域には、ワサビ栽培に欠かせない清らかな水が豊富に湧き出している。「わさびの駅」や近くの農家で、本ワサビを味わったり、ワサビ田見学やワサビの漬け方・調理法などを体験できる。また、廃校になった小学校を利用した町営の宿泊施設「やまびこ荘」では、江戸時代中期に始まり昭和30年ごろまで行われていたといわれる伊豆の炭焼きを体験することができる。
わさびの駅 http://www.wasabinoeki.com/
やまびこ荘 http://www.across.or.jp/shizuoka-gt-park/

静岡県磐田市

トンボの楽園・桶ヶ谷沼でベッコウトンボを探す

磐田市の市街地近くにある桶ヶ谷沼は、日本屈指のトンボ王国。絶滅の恐れのある野生動植物種として保護の対象にされているベッコウトンボをはじめ、国内のトンボの3分の1にあたる67種類が確認されている。沼にはメダカなど多くの生物が棲み、冬にはマガモ、トモエガモが渡来する。ビジターセンターでは、自然環境の保全をはかるとともに、トンボや野鳥の観察会、トンボの幼虫を食べるアメリカザリガニ釣り大会など沼を守る活動に取り組んでいる。
http://www.city.iwata.shizuoka.jp/

愛知県豊田市足助町

里山の知恵「手仕事」をさまざまに体験する

足助町にある香嵐渓は、もみじの名所として知られているが、山野草の宝庫でもある。そんな自然豊かな町のなかに、明治時代の足助地方の豪農屋敷を再現した「三州足助屋敷」はある。ここは、自給自足の山里農家の暮らしや手仕事を復活・再現し、将来に伝えていこうとする施設。屋敷内では、牛、郡上地鶏、メダカなどが飼われ、機織り、ワラ細工、炭焼き、鍛冶、桶作りなどの手仕事が見られるほか、紙漉き、竹細工、五平餅作り、藍染などの体験ができる。
http://www.mirai.ne.jp/~asuke/

愛知県新城市四谷

日本の文化遺産・千枚田で、田植えや稲刈り体験

鞍掛山麓に広がる四谷千枚田。それぞれの田は大小の石でつくられた石垣で区切られ、総面積7ha、標高差180mの急斜面に約850枚の田が並ぶ。下から上までゆっくり歩いて登れば30分はかかるという。耕作者の高齢化がすすむなか「先祖伝来の千枚田を守りたい」と地域の人びとは保存会を結成。農道を整備したり、都市生活者に千枚田を理解してもらうため、田植えや稲刈りを体験する交流会や、多様な生物を育む水田で自然観察会を開いている。
http://www.aichi-lrda.jp/

岐阜県郡上市八幡町

数千、数万の踊り子が夜を徹して踊り明かす郡上踊りに参加する

国の重要無形文化財に指定されている郡上踊りは、全国三大民謡の一つにも数えられる。郡上八幡では7月の初めから9月初めまでの2ヵ月間、30夜にわたって縁日踊りが繰り広げられる。道や広場に屋形を移動させ、そのまわりを輪になって踊る。郡上踊り保存会の指導による体験講習があり、うまく踊るポイントを伝授してもらえる（修了書付き）。郡上踊りをマスターし、踊りの輪に加わって日本の祭りを楽しもう。
http://www.gujohachiman.com/

岐阜県本巣市根尾

1500年を生き抜いた桜の巨木に出合う

岐阜県北西部に位置し、清流尾根川が流れる山深い自然の里・根尾には、日本の桜では2番目に古い樹齢1500年の桜・淡墨桜がある。この桜は、咲きはじめは白い花をつけるが、盛りを過ぎるころには淡い墨色を帯びたように変わることからこの名がついた。高さ16m、幹のまわりが10mもある巨木で、大正11年に天然記念物に指定されている。「桜守」と呼ばれる人たちによって守られてきた桜の姿は、自然と人間が共存する里山ならではの風景だ。
http://www.city.motosu.lg.jp/

近畿

滋賀県甲賀市甲賀町

戦国の世に思いを馳せて甲賀の里で忍者体験

甲賀忍者発祥の地・甲賀町には、今ものどかな里山風景が広がり、戦国の世を偲ぶ城跡や古戦場址が数多く残る。鈴鹿山麓の原生林に囲まれ、昔ながらの隠れ里の雰囲気を醸し出す「甲賀の里　忍術村」。「からくり屋敷」で、秘密の抜け道やつり階段、隠し戸などを通り抜けたり、子どもを対象にした塀登り、綱渡り、からくり井戸などの技を伝授してもらったり、広大な敷地内にある施設でいろいろな体験ができ、自然を満喫しながら忍者気分を味わえる。
http://www.kokachiiki.jp/

滋賀県米原市山東地区

豊かな清流の里にゲンジボタルがつくり出す幻想的な世界

滋賀県の旧三東町を流れる、豊かな清流に恵まれた天野川には、国の天然記念物に指定されているゲンジボタルが生息する。昭和30年代にホタルが絶滅の危機に瀕したとき、守る会が結成され、現在でも幼虫やエサになるカワニナの捕獲を禁止するなど、町をあげて環境保全に取り組んでいる。ゲンジボタルは成虫の体長が2cmもなる日本最大のホタル。ホタルが発生するピーク時には、まさに「天の川」のような幻想的な世界が広がる。
http://www.city.maibara.shiga.jp/

京都府南丹市美山町

かやぶきの里で昔の暮らしを体験する

緑豊かな山々を背景に、田畑のなかにかやぶき民家が点在する、かやぶきの里・美山町。まさに日本の農村の原風景といえるのどかなたたずまいは、重要伝統的建造物群保存地区に選定されている。その美山町で、田舎の自然と暮らしの体験ができるのが「柿の木山」だ。ワラのワークショップでは、先人たちが暮らしのなかでワラをどのように使っていたかを学んだり、わらじを編んでハイキングに出かけるなど、いろいろな昔体験ができる。
http://www10.plala.or.jp/kakinokiyama/index.html

京都府向日市

竹林の里で美しい竹篭を作る

京都盆地南西の向日市は良質の孟宗竹、真竹の産地。西ノ岡丘陵にある「竹の径」は竹林の景観保全のため付近一帯の整備が進められ、町の喧騒から逃れた癒しの道として親しまれている。古くから竹工芸品の加工が行われていたこの町の工房「東洋竹工」では、京都に古くから伝わる「四海波（しかいなみ）かご」作りが体験できる。重なる波を思わせる曲線が美しいかごは、作るのがむずかしそうだが、ていねいに指導してもらえるので安心だ。
http://www.taikenkobo.jp/page_h2.php

京都府相楽郡和束町

宇治茶の里で茶摘み体験

和束町は京都府の最南部・相楽郡に位置する、良質な緑茶の名産地。山々に囲まれた盆地に茶畑が広がる緑豊かな里。京都府南山城一帯で生産されるお茶は「宇治茶」と呼ばれ、和束町の茶の生産高は京都府で第一位を占める。主産業はお茶で、町民の過半数がお茶の生産にかかわっているという。香り高い和束茶がどんなふうにできるのか。茶摘みを体験したり工場を見学したりして、お茶のおいしさを実感できる。
http://www.pref.kyoto.jp/noson/inaka-gu/greentea/greentea.html

和歌山県東牟婁郡那智勝浦町

熊野灘で、黒潮にのってやってくるクジラに出合う

那智勝浦町は紀伊半島の南東端に位置し、温暖な気候、風光明媚で雄大な自然に恵まれた町だ。日本一の名瀑・那智の大滝があることでも知られる。この町の沖、紀伊半島東部に広がる熊野灘は、黒潮が育む天然魚の宝庫といわれる。延縄漁法による勝浦漁港の生鮮マグロは水揚げ日本一として知られるが、黒潮の恩恵はそれだけではない。熊野灘では4月下旬から9月中旬にかけて、太平洋を回遊するマッコウクジラやイルカを見ることができ、人びとに感動を与えている。
http://www.town.nachikatsuura.wakayama.jp/

和歌山県日高郡日高川町

見物人の笑い声がこだまする「笑いの里」の祭りに参加する

丹生神社例祭は、通称「笑い祭」といわれる実にユニークな祭り。遠い昔のこと、氏神である丹生津媛命（にうずひめのみこと）は、神々が出雲の国に集まる会に寝過ごして参加できなかった。ふさぎこんでしまった氏神を心配した村人たちが、おかしな化粧や奇抜な衣装で「笑え、笑え」とはやしたて、氏神を元気づけたのが祭りの由来。ひょうきんなパフォーマンスに訪れた人びとは皆腹を抱えて大笑い。誰でも参加できる心温まる祭りだ。
http://www.vill.nakatsu.wakayama.jp/hidakagawa/

三重県伊賀市西湯舟

農業・自然・手作りを体験できるエコロジーファーム

10haを超える「伊賀の里モクモク手づくりファーム」は、本物の農業と食物について「知る」「考える」「つくる」をキーワードに運営されている。園内では、家畜とのふれあい、ウインナー、そばなどの手作り体験ができ、「モクモク」の活動に賛同した人たちによるネイチャークラブでは、自然観察、収穫体験などのイベントも行う。日頃、自然や農業にふれる機会がない都市住民にとって、自然や食の大切さを考えるきっかけになる貴重な場所である。
http://www.moku-moku.com/

三重県熊野市紀和町丸山

日本の原風景を伝える日本最大の千枚田で農作業体験

かつては2200枚以上の棚田があったという日本最大の丸山千枚田。昭和40年代から始まった稲作転換対策や、過疎化、高齢化によって棚田は激減したが、千枚田の景観や伝統を守っていきたいという地元の人びとの努力、棚田オーナー制度の成功によって復元が進んでいる。田植えや稲刈りのときには一般の人も広く参加できるので、美しい日本の原風景のなか、昔ながらの手作業による農業体験にぜひ参加しよう。
http://www.za.ztv.ne.jp/furusato/

兵庫県豊岡市但東町平田

手づくり村を舞台に子どもたちの自主性、創造性を育む

「兵庫県子ども自然村」は、子どもたちが青年ボランティアや地元住民の知恵と技術を学びながら、長い年月をかけてつくる手づくり村。おいしい水が豊富に確保でき、地元住民が意欲的に協力してくれるという理由で、但東町の里山に昭和59年に開園された。以来、全国から5万人もの青少年や家族が訪れ、都市部の子どもたちに田植えや稲刈りを指導したり、地元の子どもたちによるビオトープ池づくりなど、さまざまな交流が行われている。
http://www1.odn.ne.jp/~aar16910/hyousi.htm

兵庫県豊岡市祥雲寺

日本の原風景を残す里山でコウノトリに出合う

兵庫県の但馬地方は、但馬牛と棚田とコウノトリの里。山間の町には棚田が並び、日本の原風景がそこここにある。但馬地方に最後まで残っていた野生のコウノトリが絶滅したのが昭和46年のこと。試行錯誤の末、人口飼育が成功し、地域の環境整備も進んできた平成17年、ついに「コウノトリの郷公園」で試験放鳥が始まった。公園では、放鳥したコウノトリが豊岡盆地と周辺地域に飛んでいったときに目撃情報を寄せてくれるよう、広く市民に呼びかけている。
http://www.city.toyooka.hyogo.jp/

兵庫県多可郡多可町

1300年の歴史ある和紙の里でオリジナル和紙作りを体験

山々と清流・杉原川に囲まれた加美区杉原の奥地に杉原紙研究所がある。杉原紙は、1300年の歴史と伝統を誇る和紙。発祥は奈良時代で、紙の質、生産量からみて日本一の紙であったといわれる。大正時代に杉原紙の歴史は途絶えたが、昭和に入り半世紀ぶりに杉原紙は復元され、兵庫県無形文化財、伝統的工芸品にも指定されている。この研究所では、そんな歴史を知り、美しい和紙にふれながら、オリジナル和紙作りを体験できる。
http://www.town.kami.hyogo.jp/sugiharagami/

中国

岡山県高梁市宇治町

高原の里山で、滞在型の農村・手作り体験

宇治町は、高梁市の西北部・標高350mの高原にあり、赤松林が広がる豊かな自然のなかに、多くの城跡・社寺など遺跡が点在する地域。「備中宇治彩りの山里」では、昔の酒造元を改修した趣のある「元仲田邸くらやしき」に泊まり、「農村公園」でそば打ちやこんにゃく作りを体験したり、かつて塩田瓦の窯元だった「塩田焼工房」で陶芸作品を作ったり、さまざまな農村・手作り体験ができる。また、若手の生産者が中心となりアイガモ農法で作った無農薬米は、直売施設で販売中だ。
hhttp://www.city.takahashi.okayama.jp/

岡山県総社市、岡山市

古代遺跡が点在する吉備路の田園風景をサイクリングする

倉敷市の北に広がる吉備路は，奈良時代には大和朝廷に匹敵する古代吉備王国があったといわれる遺跡地帯。その遺跡をつなぐようにサイクリングロードが整備されている。吉備路のシンボル，備中国分寺（五重塔）周辺は「風土記の丘」と呼ばれ，地域の人びとによって守られてきたのどかな田園風景が広がっている。毎年ゴールデンウィークごろ、あたり一帯にはレンゲが咲き，レンゲ祭も開催される。レンタサイクルで日本の原風景のなかを爽快に走りたい。
http://www.city.soja.okayama.jp/

鳥取県西伯郡伯耆町

大山の恵みの里で、米作りから仕込みまでの日本酒造りを

中国地方随一の秀峰・大山の麓に位置し、清流・日野川が流れる伯耆町。なかでも八郷の丸山地区は、標高300m、昼と夜の温度差の大きさ、大山の豊富な伏流水によって、良質な米の産地として有名なところだ。この地にある久米桜酒造では、地元で栽培した酒米「山田錦」を使い、清酒「八郷」を製造している。そして、一般を対象に、「八郷」の米作りから酒造りまでを体験する参加者を募集している。額に汗して自分で造った日本酒をぜひ味わってみたい。

http://www.houki-town.jp/

島根県邑智郡邑南町

囲炉裏のある築100年の民家に泊まりスローライフを楽しむ

豊かな自然と山間の棚田の景観が広がる旧羽須美村に、築100年の民家を改造した「羽須美クラシック宿泊所」がある。ここは、訪れる人たちに憩いの場を提供し、地元住民との交流をはかる民泊施設だ。食事は自炊が原則だが、別料金を払えば交流会メンバーが炊事を手伝う。農作業のほか、季節によってフキノトウ摘み、フキ狩り、ヤマメ炭焼き、ボタン鍋料理など、家族やグループ単位で楽しめる体験メニューが用意されており、日帰りでも楽しめる。

http://fish.miracle.ne.jp/maesako/

島根県浜田市弥栄町

ブナの原生林に囲まれてふるさと体験

中国山地の豊かな森に囲まれた弥栄町。ここに、田舎の暮らしを体験する施設「ふるさと体験村」がある。体験村の周囲には樹齢200年を超すブナの原生林があり、標高800〜900mの尾根を縦走する全長2.2kmのブナ林遊歩道が設けられている。体験村では、味噌作り、そば打ち、もちつき、ヤマメ釣り、農作物の収穫などができるほか、ホタル鑑賞ツアー、夜神楽上演なども企画され、田舎の生活が満喫できる。

http://www.city.hamada.shimane.jp/

四国

香川県三豊市仁尾町

巨大竜に願いを託す真夏の夜の雨乞い祭りに参加する

香川県は雨が少なく、古くから水不足に悩まされてきた。讃岐平野には今でも1万4000ものため池があるほどだ。雨に恵まれるよう、雨乞いの願いを託した祭りが「仁尾竜まつり」だ。「仁尾竜翔太鼓」とともに稲ワラと青竹で作った、長さ40m、重さ4tの竜が現れる。担ぎ手たちによって町を練り歩く竜に、見物人は掛け声に合わせ、手桶やバケツで水を浴びせかける。真夏の夜、担ぎ手たちと見物人が一体となって繰り広げる迫力満点の祭りだ。

http://www.kk-spc.jp/kagawa_event/

愛媛県今治市宮窪町

瀬戸内海の来島海峡で潮流体験

宮窪町の沖合約300mに位置する能島は、約400年前の戦国時代に瀬戸内海で君臨した村上水軍の居城があった、周囲720m、面積1.5haの島。天然の要塞といわれた能島のまわりにある激しい潮流は、大潮時には最大9ノットで流れる。宮窪港から出た船は、能島周辺に着くとエンジンを切って、潮に流されたりして潮流の激しさを体感。潮の流れによって浄化されているきれいな海を眺めながら、村上水軍の歴史に思いを馳せてみよう。

http://www.go-shimanami.jp/

愛媛県喜多郡内子町

数百統の凧が繰り広げる勇壮な伝統行事を見る、参加する

緑の山々に囲まれた内子町。日本三大凧揚げとして有名な五十崎大凧合戦は、400年以上の歴史をもち、この町の河川敷で行われる。毎年5月5日、数百統の大凧が、空中で“ガガリ”と呼ばれる刃物で相手の糸を切り合う勇壮な合戦だ。合戦は誰でも当日参加でき、凧は貸し出してもらえる。合戦に使う凧は、165cm×135cmと大きいが、合戦当日に揚げる特別な凧・出世凧は３ｍ×４ｍ。大人が４～５人がかりでないと揚げることができないという。
http://www.town.uchiko.ehime.jp/

徳島県海部郡美波町

四国一美しい海岸線をもつ里海で漁師気分になれる休日

美波町は太平洋に細長く面し「四国で一番美しい」といわれる海岸線をもつ、漁業が盛んな里海。アカテガニが多く生息しており、海岸近くを走る道路には、「カニ注意」の標識が立っているほど。この町の木岐地区（旧由岐町）でタコ篭漁や定置網漁を体験して、とれたての魚介類を食べ、地元の人びとと交流する１泊２日の田舎暮らし体験企画が好評だ。平成17年からは、もっと気軽に参加できる一日体験も始まっている。
http://www.kippo.or.jp/furusato/program/guide-41.htm

徳島県勝浦郡勝浦町

心のふれあいを大切にする田舎体験を

イノシシやシカ、タヌキ、サルなどの野生動物や多くの野鳥が生息する山々に囲まれた勝浦町の坂本地区。ここに、廃校になった小学校の校舎を利用した農村体験宿泊施設「ふれあいの里さかもと」がある。ここでは、木炭・竹炭作り、田舎こんにゃく作り、草木染め、田舎豆腐作りや、季節に応じて田植え・稲刈り、マス釣り、タケノコ掘り、つたかご作りなど、坂本の自然や暮らしを生かしたさまざまな田舎体験ができる。
http://www.chushi.maff.go.jp/green/minsyuku/sakamoto.htm

高知県四万十市

豊かな自然の残る清流・四万十川をカヌーで下る

四国山脈西部の渓流を源として、多くの支流を集めながら大きく蛇行を繰り返し大河となる四万十川。豊かな水量と川幅に恵まれ、たくさんの水生生物の棲む全長196kmの清流である。ここでは、豊かな自然を満喫するためカヌーに乗って川下りをするのがおすすめ。四万十川のほとりにある「四万十カヌーとキャンプの里　かわらっこ」では、穏やかな清流の四万十川で初心者でも気軽にカヌー体験ができる。
http://www.city.shimanto.lg.jp/

高知県香南市赤岡町

どろめを肴に数千人が繰り広げる土佐の大宴会に参加する

太平洋に面した小さな町・赤岡町。毎年4月、赤岡の浜で数千人規模の大宴会「どろめ祭」が行われる。見物人たちが、名物のどろめ（イワシの稚魚）料理を肴に飲み交わすなか、祭りのメインイベント「大杯飲み干し大会」が始まる。男性は1升（1.8ℓ）、女性は５合（0.9ℓ）の酒を司会者の掛け声に合わせてぐいぐい飲み、そのタイムと飲みっぷりのよさを競う。酒豪天国・土佐ならではの豪快な祭りだ。
http://www.city.kochi-konan.lg.jp/

九州・沖縄

福岡県八女郡星野村

日本一の玉露の里で茶作り体験

福岡県の山間にある星野村は、本玉露の日本一の産地。豊かな味わいを醸し出すため、本玉露作りには昔ながらの製法を守りつづけている。星野村にある、お茶とともにある日本の文化を伝える「茶の文化館」では、星野村の本玉露を体験することはもちろん、お茶の文化にふれることができる。石臼をゴロゴロ回して抹茶を作るひき臼体験や、期間限定で釜入り茶作りの体験もできる。
http://www.hoshinofurusato.com/tyanobunka/

福岡県田川郡赤村

実りの秋に収穫の喜びを実感する里山

福岡県東北部に位置する赤村は、山林が70％を占める山間の農村。全国の市町村に先駆けて昭和62年から、農業を通じて都市と交流することで村の活性化を図るイベントを始めた。6月には、田植えや芋づる植えなどの農作業のほか、神楽やホタルの観賞、10月には、自分たちが植えた稲を鎌で刈り取り、昔ながらの千歯（せんば）や脱穀機などを使って脱穀、サツマイモ掘りを行う。ほかにも、竹トンボやしめ縄作り、どろんこ競走など田舎暮らしを満喫できる。
http://www8.ocn.ne.jp/~akamura/

大分県中津市

日本最大級の干潟に棲む生きた化石・カブトガニに出合う

大分県北部・中津市の沖合に日本有数の広さを誇る中津干潟がある。ここには、2億年前からほとんどその姿を変えていない、生きた化石と呼ばれるカブトガニや、背骨を持たず脊椎動物の祖先の姿を残したナメクジウオなど、数多くの希少生物が暮らし、世界におよそ8000羽しかいないといわれるズグロカモメが越冬する。「水辺に遊ぶ会」では、干潟の生物、飛来する鳥たちの観察会などを行っている。
http://www.city-nakatsu.jp/

大分県由布市湯布院町

秋の里山で日頃の憂さをはらす「牛喰い絶叫大会」に参加する

さわやかな秋の高原で湯布院牛のバーベキューを食べながら、騒音測定器の前で一人ひとりが思い思いの言葉を絶叫するというユニークな大会がある。もともとは、湯布院のまちづくりの一つで、都会の人びとに仔牛を購入してもらい、その飼育を地元の農家に委託する「牛一頭牧場運動」の交換パーティーをしたのがはじまり。今では県内外から約800人が参加する、秋の湯布院の風物詩となっている。参加者は当日先着順に受け付ける。
http://www.town.yufuin.oita.jp/

大分県杵築市大田

無病息災を祈って人びとが押し寄せる天下御免のどぶろく祭りに参加

旧大田村の白鬚田原神社で毎年10月17日、18日に行われる「どぶろく祭り」。平安時代に始められたとされ、五穀豊穣と長寿を祈願する祭りだ。この祭りが全国的に有名になったのは、白鬚田原神社が九州でただ１ヵ所、酒造免許を持っている神社ゆえ。この神社のどぶろくを飲むと1年間無病息災で過ごせるといわれることから多くの人が訪れる。祭りとともに催されるのが、神社の名にちなんだ「鬚自慢コンクール」。「白鬚」「黒鬚」「黒鬚・長鬚」の各部門で競われる。
http://www.pref.oita.jp/11131/nisitakakiko/bun-maturi/6.7doburoku.html

佐賀県神埼郡千代田町

佐賀平野に広がる堀でたらい乗りに挑戦

縦横に走る堀と田園が織りなす風景は、佐賀平野独特のもの。秋になり、堀に自生するヒシの実が熟すと、農家の女性たちは「ハンギー」という大きな木製のたらいを堀に浮かべ、巧みに操って収穫する。千代田町ではこのハンギーを使って、町おこしのイベント「堀デーちよだ」を開催している。慣れないとハンギーのバランスをとるのはなかなかむずかしいとか。ライフジャケットを着て4人1組のリレー形式で競う「ハンギー競漕」は大いに盛り上がる。
http://www.town.chiyoda.saga.jp/

佐賀県鹿島市

泥だらけになって有明海の豊かさを感じる干潟体験

日本で最も広大な干潟をもつ有明海に面した鹿島市で、初夏の1日、全国的に知られたイベント「ガタリンピック」が開かれる。有明海特有の泥の干潟は、一歩踏み出すだけで、膝の上までめりこんでしまうほど深くやわらかい。そこで考えられたのが干潟の上の運動会だった。2万5000人（平成17年）もの参加者たちは泥んこになって楽しみながら、干潟の大切さを肌で感じとっているだろう。当日参加が無理でも、七浦海浜スポーツ公園では随時「干潟体験」ができる。
http://www.city.kashima.saga.jp/

長崎県壱岐市

伝説の鬼凧（おんだこ）を作って遊ぶ

壱岐の鬼凧は長崎県の伝統的工芸品。魔よけとされるが、そのユニークさからお土産としても人気がある。鬼凧にはこんな伝説がある。昔、島民を苦しめていた鬼を都から武将が成敗しにやってきた。鬼は武将に首を切られ、その切られた首が舞い上がってやがて落ちてきて武将の兜に食らいついた、というもの。鬼凧の絵柄は、まさにその瞬間を描いたものなのだ。鬼凧作りが体験できるのは「鬼凧作り工房」。風があるときは、鬼凧を空高く舞い上がらせることもできる。
http://www.mitaiken.jp/cgi-bin/dtl.cgi?id=42031

熊本県阿蘇市赤水

広大な草原で阿蘇の春の風物詩・野焼きを体験

古より阿蘇の草原は、春に行われる野焼きによって維持されてきた。野焼きは、牛馬に良い草を与えるために行われ、野焼きをしないと草原にはたちまち潅木が茂り森林化が進んでしまうという。しかし、現在では有畜農家の減少と高齢化によって、野焼きをつづけていくことが困難な状況になっている。「阿蘇グリーンストック」では市民ボランティアによる野焼き支援活動を行っている。参加するには、初心者向け研修を受けるのが条件となっている。
http://www.aso.ne.jp/~green-s/

宮崎県児湯郡西米良村

働きながら休暇を楽しむ西米良型ワーキングホリデー

宮崎市内から北西に車で2時間の、人口1500人足らずの西米良村。この村では、平成9年から西米良型ワーキングホリデー制度を提案している。たとえば、3日間はユズしぼりや選別など農家の仕事を手伝い、残りの3日間はゆっくりと村での休暇を楽しむというもの。訪れる土地の仕事を通して、その土地や人びとの本当のよさにふれられる体験になるはずだ。宿泊施設はキャンプ場で、隣にある村の温泉施設で一日の疲れをゆっくり癒せる。
http://www.nishimera.jp/

宮崎県東諸県郡綾町

照葉樹林の里山で森林浴をし、伝統工芸に触れる

カシ、シイ、タブ、クスなどの照葉樹林のなかには豊かな生態系が築かれ、それは日本人の生活や文化に大きな恩恵を与えてきた。宮崎県のほぼ中央、綾町の面積の大半を占める照葉樹林の森は、一時伐採の危機にさらされながらも、町民の地道な活動によって守りぬかれた。さらに、綾町は、早くから自然にやさしい有機農業を進め、失われていく伝統工芸を保護する「手づくりの里」づくりに取り組む。貴重な森のある町でゆったりと森林浴を楽しもう。
http://www.town.aya.miyazaki.jp/

宮崎県東臼杵郡諸塚村

森林公園づくりの里山で、木と人の交流を体験する

諸塚山を中心とする標高1000ｍ級の山々に囲まれた諸塚村は、山林が村の95％を占め、木材、シイタケの産地として知られる。村では豊かな森林資源を生かし、「全村森林公園」づくりがすすめられている。さまざまな田舎体験ツアーはもちろん、1年間の長期ボランティアの受け入れや、自然素材を使った家造りを目指す人と産地を結ぶ「木材産地ツアー」など、地域を活性化し都市との交流を深めるユニークな取り組みが盛りだくさんだ。
http://www.vill.morotsuka.miyazaki.jp/

鹿児島県大島郡龍郷町

大島紬の里で泥染めを体験する

奄美大島は鹿児島から南南西約380kmの海上にある亜熱帯の島。1300年の歴史をもつ本場奄美大島紬は、昔から変わらぬ技法ですべて手染め、手織りで作られており、一生物の織物として人気が高い。「大島紬村」では生産工程を見学でき、大島紬の着物を着たり、手織りも体験できる。なかでも興味深いのが泥染めだ。シャリンバイという植物を煮出した染料と石灰水をもみ込み、田んぼで泥をすり込むと、染料のタンニン酸と鉄分が結合して独特の色と艶が出る。
http://www.tumugi.co.jp/

沖縄県石垣市登野城

八重山の精神が育んだ伝統工芸みんさーを織る

八重山みんさーは綿糸を藍で染めて織った細帯で、絣の柄に五つと四つの組み合わせが交互に配されている。これは、「いつ（五つ）の世（四つ）までも末永く」という心が込められ、帯の両側にあるムカデの足に似た模様には、通い婚時代に「足繁くおいでください」という意味が表現されたものと伝えられている。みんさー工芸館では、制作工程の１つである「織り」を指導員がていねいに教えてくれる。終了後には体験終了証ももらえる。
http://www.minsah.co.jp/

沖縄県八重山郡竹富町

自然とともに生きるおじいやおばあに学ぶ

沖縄本島から南西へ470km、島の９割をジャングルに覆われた島、西表島。干立村はその西表島にある人口約100人の小さな村だ。島の自然をうまく利用し、楽しんで暮らす最高の達人たちは、おじいやおばあだ。この村では、おじいやおばあと一緒にマングローブで釣りをしたり、巨大シジミを探したりする体験プログラムがたくさんある。樹齢数百年の屋敷林や古い赤瓦の民家、サンゴの石垣など沖縄の集落の原風景のなかで、島の自然と文化を満喫できる。
http://www.hutademura.org/

本書のテーマに関する
「里山」関連団体およびホームページアドレス

「広大な馬の里で乗馬を体験できる里山」

（岩手県遠野市）

遠野 馬の里 http://www.tonotv.com/members/tonouma/

遠野市観光協会 http://www.tonotv.com/members/kankokyoukai/

遠野市役所 http://www.city.tono.iwate.jp/

「そば打ち体験ができる里山」

（茨城県常陸太田市金砂郷）

常陸太田市金砂郷商工会 http://www.kanasago.or.jp/

常陸太田市役所 http://www.city.hitachiota.ibaraki.jp/

「『江差追分』の聴ける里海」

（北海道江差町）

江差町役場 http://www.hokkaido-esashi.jp/

「日本最古の染色正藍染を体験できる里山」

（宮城県栗原市）

栗原市役所 http://www.kuriharacity.jp/

愛藍人・文字 http://www2.neweb.ne.jp/wc/ilandkan/

「最上川随一の景勝地で芭蕉を偲んで舟下りをする」

（山形県戸沢村）

戸沢村役場 http://www.vill.tozawa.yamagata.jp/

角川里の自然環境学校 http://www3.ocn.ne.jp/~satoweb/page002.html

最上峡芭蕉ライン観光株式会社 http://www.blf.co.jp/

「カブトムシに出合える里山」

（福島県田村市常葉）

田村市役所 http://www.city.tamura.lg.jp/

ときめき山学校 http://www7.ocn.ne.jp/~g-tokiwa/

こどもの国ムシムシランド http://www5.ocn.ne.jp/~musi64/

「海苔作りが体験できる里海」

（千葉県富津市）

富津市役所 http://www.city.futtsu.chiba.jp/

富津市観光協会 http://www.futtsu-kanko.jp/

有限会社宮醤油http://www.miyashoyu.co.jp/

「農作業ボランティアが千枚田を守る里山」

（石川県輪島市）

輪島市役所 http://www.city.wajima.ishikawa.jp/

朝市通り本町商店街 http://www.honmachi.or.jp/

「イカ釣り体験のできる里海」

（福井県越前町）

越前町役場 http://www.town.echizen.fukui.jp/

越前陶芸村（越前町宮崎観光協会） http://www.echizentogeimura.com/

「砂金採り体験ができる里山」

（新潟県佐渡市）

佐渡市役所 http://www.city.sado.niigata.jp/

株式会社ゴールデン佐渡 http://www.sado.co.jp/goldensado/

佐渡西三川ゴールドパーク http://www3.ocn.ne.jp/~snmgp/

「ホタルに出合い、清流に遊ぶ里山」

（岐阜県山県市美山）

山県市役所 http://www.city.yamagata.gifu.jp/

「風薫る季節、茶摘みを体験できる里山」
（静岡県川根本町）
川根本町町役場 http://www.town.kawanehon.shizuoka.jp/
川根本町まちづくり観光協会 http://www.okuooi.gr.jp/
静岡県観光協会 http://kankou.pref.shizuoka.jp/

「組紐作りを体験できる里山」
（三重県伊賀市）
伊賀市役所 http://www.city.iga.lg.jp/
組匠の里 http://www.kumihimo.or.jp/
芭蕉翁記念館 http://www.ict.ne.jp/~basho-bp/

「備長炭作りを体験する里山」
（和歌山県田辺市本宮町）
田辺市役所 http://www.city.tanabe.lg.jp/
日の丸製炭 http://www.za.ztv.ne.jp/wjjwhmy6/
熊野本宮大社 http://www2.ocn.ne.jp/~sanzan/NTTcontents/hongu/

「市民の手で河辺の森を蘇らせ未来に残す」
（滋賀県東近江市）
東近江市役所 http://www.city.higashiomi.shiga.jp/
河辺いきものの森 http://www.bcap.co.jp/ikimono/

「日本の音風景百選に出合う里山」
（京都府南丹市園部町）
南丹市役所 http://www.city.nantan.kyoto.jp/

「日本一の海岸砂丘を体験する」
（鳥取県鳥取市福部町）
鳥取市役所 http://www.city.tottori.tottori.jp/
砂丘王国 http://sakyu.city.tottori.tottori.jp/
福部町観光協会 http://www.hal.ne.jp/sakyu/

「金魚ちょうちんと親しむ里山」

（山口県柳井市）

柳井市商工観光課 http://www.city-yanai.jp/

柳井市観光協会 http://www.kanko-yanai.com/

「黒潮の恵みと出合う里海」

（高知県土佐清水市）

土佐清水市 http://www.city.tosashimizu.kochi.jp/

竜串海中公園 http://www.city.tosashimizu.kochi.jp/

「ワーキングホリデーを体験する里山」

（徳島県上勝町）

上勝町役場 http://www.kamikatsu.jp/

「ペーロンが漕げる里海」

（長崎県長与町）

長与町役場 http://webtown.nagayo.jp/

「薩摩焼作りが体験できる里山」

（鹿児島県日置市東市来町）

日置市役所東市来支所（地域振興課） http://www.city.hioki.kagoshima.jp/

「やんばるの自然を体験できる里山」

（沖縄県東村）

東村役場 http://www.vill.higashi.okinawa.jp/

やんばる自然塾 http://www.gesashi.com/

訪ねる ふれあう
日本の里山 日本の里海①
体験できる里

発行　2006年4月1日　第1刷発行

監修　中川重年
企画　株式会社メディア ジャパン
凸版印刷TANC
編集　佐々木 峻（株式会社メディア ジャパン）
相田忠男（株式会社コンテクスト）
若井奈穂子
松本明子
泉名邦子
装丁・アートディレクション　前田栄造（株式会社バーソウ）
デザイン　内藤美歌子（株式会社バーソウ）
撮影　川野秀男
村岡明男
曽根善範
高野晃輔
中島健蔵
DTP制作　有限会社アイ・エヌ・ジー企画
地図作成　スタジオDoumo

発行所　社団法人 農山漁村文化協会
〒107-8668　東京都港区赤坂7-6-1
電話　編集 03-3585-1145
営業 03-3585-1141
FAX　03-3589-1387
郵便振替　00120-3-144478
ホームページ　http://www.ruralnet.or.jp/

印刷・製本　凸版印刷 株式会社

ISBN 4-540-05292-6